I0815196

Edgar Allan Poe (1809-1849) quedó huérfano de muy joven; su padre abandonó a la familia en 1810, y su madre falleció al año siguiente. La idea de la muerte y la estela de la desgracia no dejó de acecharlo durante toda la vida. Antes de cumplir los veinte años ya era un bebedor y un jugador empedernido, y contrajo enormes deudas con su padre adoptivo, que acabó desheredándolo. Trabajó como redactor en revistas de Filadelfia y Nueva York, mientras publicaba poemas, ensayos y relatos en varias de ellas. Su producción poética muestra una impecable construcción formal, y sus ensayos se hicieron famosos por su sarcasmo e ingenio. Sin embargo, Poe pasó a la posteridad más que nada por su maestría como narrador, que puso en práctica en géneros muy diversos. Los historiadores de la literatura señalan que fue un renovador del cuento de terror, un temprano cultor de la ciencia ficción y, sobre todo, el inventor del relato detectivesco moderno. Falleció en circunstancias que nunca se han aclarado completamente, pero que parecen vinculadas con su adicción al alcohol y a las drogas.

EDGAR ALLAN POE

La máscara de la Muerte Roja y otros cuentos góticos

Traducciones de

JULIO GÓMEZ DE LA SERNA,
DIEGO NAVARRO Y FERNANDO GUTIÉRREZ

PENGUIN CLÁSICOS

Papel certificado por el Forest Stewardship Council®

Primera edición: octubre de 2025

Printed in Spain – Impreso en España

ISBN: 978-84-9105-765-9
Depósito legal: B-14.459-2025

Compuesto en M. I. Maquetación, S. L.
Impreso en Liberdúplex
Sant Llorenç d'Hortons (Barcelona)

PG 5 7 6 5 9

Índice

La máscara de la Muerte Roja

Escrita en marzo de 1842, «La máscara de la Muerte Roja» es una obra maestra quizá sin igual en la narrativa breve de Edgar Allan Poe. Los críticos han diferido durante años respecto de la interpretación del cuento, cuyo argumento introduce elementos sobrenaturales, si bien los incidentes principales tienen resonancias históricas.

Durante la epidemia de cólera en París de 1832, la gente empezó a tomar conciencia de la brevedad de la vida y del imperativo moral de hacer de la propia una existencia feliz. Por ese motivo, en ese período se organizaron muchos bailes, algunos de los cuales de disfraces. N. P. Willis, en un texto publicado en el New-York Mirror *ese mismo año, describe uno de estos actos y delinea la figura de un hombre alto vestido como si de la cólera misma se tratara, en una aterradora representación. Muy probablemente este artículo sirviera a Poe de inspiración, que sin lugar a dudas conocía el trabajo de Willis.*

Por otro lado, el marco de la historia evoca al del Decamerón *de Giovanni Boccaccio, en el que los narradores son un grupo de personas retiradas en un remoto castillo para prevenirse del contagio de la peste que asola Florencia. No es casualidad que el nombre del protagonista fuese italiano* –principe Prospero– *en la versión original inglesa del cuento. Asimismo,* Life of Petrarch *del poeta Thomas Campbell, que Poe comentó para el* Graham's Magazine *en 1841, pudo servir para recabar información.*

La Muerte Roja es fruto de la portentosa imaginación del autor, pero el origen de su nombre remite a la medieval Muerte Negra (1348-1349). Recuerda también en algunos aspectos a la primera plaga de los egipcios descrita en el bíblico libro del Éxodo.

Durante mucho tiempo, la «Muerte Roja» había devastado la región. Jamás pestilencia alguna fue tan fatal y espantosa. Su avatar era la sangre, el color y el horror de la sangre. Se producían agudos dolores, un súbito desvanecimiento y, después, un abundante sangrar por los poros y la disolución del ser. Las manchas purpúreas por el cuerpo, y especialmente por el rostro de la víctima, desechaban a esta de la humanidad y la cerraban a todo socorro y a toda compasión. La invasión, el progreso y el resultado de la enfermedad eran cuestión de media hora.

Pero el príncipe Próspero era feliz, intrépido y sagaz. Cuando sus dominios perdieron la mitad de su población, reunió a un millar de amigos fuertes y de corazón alegre, elegidos entre los caballeros y las damas de su corte, y con ellos constituyó un refugio recóndito en una de sus abadías fortificadas. Era una construcción vasta y magnífica, una creación del propio príncipe, de gusto excéntrico, pero grandioso. La rodeaba un fuerte y elevado muro, con sus correspondientes puertas de hierro. Los cortesanos, una vez dentro, se sirvieron de hornillos y pesadas mazas para soldar los cerrojos, decidieron atrincherarse contra los súbitos impulsos de la desesperación del exterior e impedir toda salida a los frenesíes del interior.

La abadía fue abastecida copiosamente. Gracias a tales precauciones los cortesanos podían desafiar el contagio. El mundo exterior, que se las compusiera como pudiese. Por lo demás, sería locura afligirse o pensar en él. El príncipe había provisto aquella mansión de todos los medios de placer. Había bufones, improvisadores, danzarines, músicos, lo bello en todas sus formas, y había vino. En el interior existía todo esto, además de la seguridad. Afuera, la «Muerte Roja».

Ocurrió a finales del quinto o sexto mes de su retiro, mientras la plaga hacía grandes estragos afuera, cuando el príncipe Próspero proporcionó a su millar de amigos un baile de máscaras de la más insólita magnificencia.

¡Qué voluptuoso cuadro el de ese baile de máscaras! Permítaseme describir los salones donde tuvo efecto. Eran siete, en una hilera imperial. En muchos palacios estas hileras de salones constituyen largas perspectivas en línea recta cuando los batientes de las puertas están abiertos de par en par, de modo que la mirada llega hasta el final sin obstáculo. Aquí, el caso era muy distinto, como se podía esperar por parte del duque y de su preferencia señaladísima por lo *bizarre*. Las salas estaban dispuestas de modo tan irregular que la mirada solamente podía alcanzar una cada vez. Al cabo de un espacio de veinte o treinta yardas se encontraba una súbita revuelta, y en cada esquina, un aspecto diferente.

A derecha e izquierda, en medio de cada pared, una alta y estrecha ventana gótica comunicaba con un corredor cerrado que seguía las sinuosidades del aposento. Cada ventanal estaba hecho de vidrios de colores que armonizaban con el tono dominante de la decoración del salón para el cual se abría. El que ocupaba el extremo oriental, por ejemplo, estaba decorado en azul, y los ventanales eran de un azul vivo. El segundo aposento estaba ornado y guarnecido de púrpura, y las vidrieras eran purpúreas. El tercero, enteramente verde, y verdes sus ventanas. El cuarto, anaranjado, recibía la luz a través de una ventana anaranjada. El quinto, blanco, y el sexto, violeta. El séptimo salón estaba rigurosamente forrado por colgaduras de terciopelo negro, que revestían todo el techo y las paredes y caían sobre un tapiz de la misma tela y del mismo color. Pero solamente en este aposento el color de las vidrieras no correspondía al del decorado.

Los ventanales eran escarlata, de un intenso color de sangre. Ahora bien: no se veía lámpara ni candelabro alguno en estos siete salones, entre los adornos de las paredes o del techo artesonado. Ni lámparas ni velas; ninguna claridad de esta clase, en aquella larga hilera de habitaciones. Pero en los corredores que la rodeaban, exactamente enfrente de cada ventana, se levantaba un enorme trípode con un brasero resplandeciente que proyectaba su claridad a través de los cristales coloreados e iluminaba la sala de un modo deslumbrante. Se producía así una infinidad de aspectos cambiantes y fantásticos. Pero en el salón de poniente, en la cámara negra, la claridad del brasero, que se reflejaba sobre las negras tapicerías a través de los cristales sangrientos, era terriblemente siniestra y prestaba a las fisonomías de los imprudentes que penetraban en ella un aspecto tan extraño, que muy pocos bailarines tenían valor para pisar su mágico recinto.

También en este salón se erguía, apoyado contra el muro de poniente, un gigantesco reloj de ébano. Su péndulo se movía con un tictac sordo, pesado y monótono. Y cuando la minutera completaba el circuito de la esfera e iba a sonar la hora, salía de los pulmones de bronce de la máquina un sonido claro, estrepitoso, profundo y extraordinariamente musical, pero de un timbre tan particular y potente que, de hora en hora, los músicos de la orquesta se veían obligados a interrumpir un instante sus acordes para escuchar el sonido. Los valsistas se veían forzados a cesar en sus evoluciones.

Una perturbación momentánea recorría toda aquella multitud, y mientras sonaban las campanas se notaba que los más vehementes palidecían y los más sensatos se pasaban las manos por la frente, pareciendo sumirse en meditación o en un sueño febril. Pero una vez desaparecía por completo el eco, una ligera hilaridad circulaba por toda la reunión. Los músicos se miraban entre sí y se reían de sus nervios y de su locura, y se juraban en voz baja unos a otros que la próxima vez que sonaran las campanadas no sentirían la misma impresión. Y luego, cuando después de la fuga de los sesenta minutos que comprenden los tres mil seiscientos segundos de la hora desaparecida, cuando llegaba una nueva campanada del reloj fatal, se producía el mismo estremecimiento, el mismo escalofrío y el mismo sueño febril.

Pero, a pesar de todo esto, la orgía continuaba alegre y magnífica. El gusto del duque era muy singular. Tenía una vista segura por lo que se refiere a colores y efectos. Despreciaba el *decora* de moda. Sus proyectos eran temerarios y salvajes, y sus concepciones brillaban con un esplendor bárbaro. Muchas gentes lo consideraban loco. Sus cortesanos sabían perfectamente que no lo era. Sin embargo, era preciso oírlo, verlo, tocarlo, para asegurarse de que no lo estaba.

En ocasión de esta gran *fête*, había dirigido gran parte de la decoración de los muebles, y su gusto personal había dirigido el estilo de los disfraces. No hay duda de que eran concepciones grotescas. Era deslumbrador, brillante. Había cosas chocantes y cosas fantásticas, mucho de lo que después se ha visto en *Hernani*. Había figuras arabescas, con miembros y aditamentos inapropiados.

Delirantes fantasías, atavíos como de loco. Había mucho de lo bello, mucho de lo licencioso, mucho de lo *bizarre,* algo de lo terrible y no poco de lo que podría haber producido repugnancia. De un lado a otro de las siete salas se pavoneaba una muchedumbre de pesadilla. Y esa multitud –la pesadilla– se contorsionaba en todos sentidos, tiñéndose del color de los salones, haciendo que la música pareciera el eco de sus propios pasos.

De pronto, repica de nuevo el reloj de ébano que se encuentra en el salón de terciopelo. Por un instante queda entonces todo parado; todo guarda silencio, excepto la voz del reloj. Las figuras de pesadilla se quedan yertas, paradas. Pero los ecos de la campana se van desvaneciendo. No han durado sino un instante, y, apenas han desaparecido, una risa leve mal reprimida se cierne por todos lados. Y una vez más, la música suena, vive en los ensueños.

De un lado a otro, se retuercen más alegremente que nunca, reflejando el color de las ventanas distintamente teñidas y a través de las cuales fluyen los rayos de los trípodes. Pero en el salón más occidental de los siete no hay ahora máscara ninguna que se atreva a entrar, porque la noche va transcurriendo. Allí se derrama una luz más roja a través de los cristales color de sangre, y la oscuridad de las cortinas teñidas de negro es aterradora. Y a los que pisan la negra alfombra les llega del cercano reloj de ébano un más pesado repique, más solemnemente acentuado que el que hiere los oídos de las máscaras que se divierten en las salas más apartadas.

Pero en estas otras salas había una densa muchedumbre. En ellas latía febrilmente el corazón de la vida. La fiesta llegaba a su pleno arrebato cuando, por último, sonaron los tañidos de medianoche en el reloj. Y, entonces, la música cesó, como ya he dicho, y se apaciguaron las evoluciones de los danzarines. Y, como antes, se produjo una angustiosa inmovilidad, en todas las cosas. Pero el tañido del reloj había de reunir esta vez doce campanadas. Por esto ocurrió tal vez que, con el mayor tiempo, se insinuó en las meditaciones de los pensativos que se encontraban entre los que se divertían mayor cantidad de pensamientos. Y, quizá por lo mismo, varias personas entre aquella muchedumbre, antes que se hubiesen ahogado en el silencio los postreros ecos de la última campanada, habían tenido tiempo para darse cuenta de la presencia de una figura enmascarada que hasta entonces no había llamado la atención de nadie. Y al difundirse en un susurro el rumor de aquella nueva intrusión, se suscitó entre todos los concurrentes un cuchicheo o murmullo significativo de asombro y desaprobación. Y luego, finalmente, el terror, el pavor y el asco.

En una reunión de fantasmas como la que he descrito puede muy bien suponerse que ninguna aparición ordinaria hubiera provocado una sensación como aquella. A decir verdad, la libertad carnavalesca de aquella noche era casi ilimitada. Pero el personaje en cuestión había superado la extravagancia de un Herodes y los límites complacientes, no obstante, de la moralidad equívoca e impuesta por el príncipe. En los corazones de los hombres más temerarios hay cuerdas que no se dejan tocar sin emoción. Hasta en los más depravados, en quienes la vida y la muerte son siempre motivo de juego, hay cosas con las que no se puede bromear. Toda la concurrencia pareció entonces sentir profundamente lo inadecuado del traje y de las maneras del desconocido. El personaje era alto y delgado, y estaba envuelto en un sudario que lo cubría de la cabeza a los pies.

La máscara que ocultaba su rostro representaba tan admirablemente la rígida fisonomía de un cadáver, que hasta el más minucioso examen hubiese descubierto con dificultad el artificio. Y, sin embargo, todos aquellos alegres locos hubieran soportado, y tal vez aprobado, aquella desagradable broma. Pero la máscara había llegado hasta el punto de adoptar el tipo de la «Muerte Roja». Sus vestiduras estaban manchadas de *sangre*, y su ancha frente, así como sus demás facciones, se encontraban salpicadas con el horror escarlata.

Cuando los ojos del príncipe Próspero se fijaron en aquella figura espectral (que con pausado y solemne movimiento, como para representar mejor su papel, se pavoneaba de un lado a otro entre los que bailaban), se le vio, en el primer momento, conmoverse por un violento estremecimiento de terror y de asco. Pero, un segundo después, su frente enrojeció de ira.

–¿Quién se atreve –preguntó con voz ronca a los cortesanos que se hallaban junto a él–, quién se atreve a insultarnos con esta burla blasfema? ¡Apoderaos de él y desenmascararle, para que sepamos a quién hemos de ahorcar en nuestras almenas al salir el sol!

Ocurría esto en el salón del este, o cámara azul, donde se hallaba el príncipe Próspero al pronunciar estas palabras. Resonaron claras y potentes a través de los siete salones, pues el príncipe era un hombre impetuoso y fuerte, y la música había cesado a un ademán de su mano.

Ocurría esto en la cámara azul, donde se hallaba el príncipe rodeado de un grupo de pálidos cortesanos. Al principio, mientras hablaba, hubo un ligero movimiento de avance de este grupo hacia el intruso, que, en tal instante, estuvo también al alcance de sus manos, y que ahora, con paso tranquilo y majestuoso, se acercaba cada vez más al príncipe. Pero por cierto terror indefinido, que la insensata arrogancia del enmascarado había inspirado a toda la concurrencia, nadie hubo que pusiera mano en él para prenderle, de tal modo que, sin encontrar obstáculo alguno, pasó a una yarda del príncipe, y mientras la inmensa asamblea, como obedeciendo a un mismo impulso, retrocedía desde el centro de la sala hacia las paredes, él continuó sin interrupción su camino, con aquel mismo paso solemne y mesurado que le había distinguido desde su aparición, pasando de la cámara azul a la purpúrea, de la purpúrea a la verde, de la verde a la anaranjada, de esta a la blanca, y llegó a la de color violeta antes de que se hubiera hecho un movimiento decisivo para detenerle.

Sin embargo, fue entonces cuando el príncipe Próspero, exasperado de ira y vergüenza por su momentánea cobardía, se lanzó precipitadamente a través de las seis cámaras, sin que nadie lo siguiera a causa del mortal terror que de todos se había apoderado. Blandía un puñal desenvainado, y se había acercado impetuosamente a unos tres o cuatro pies de aquella figura que se batía en retirada, cuando esta, habiendo llegado al final del salón de terciopelo, se volvió bruscamente e hizo frente a su perseguidor. Sonó un agudo grito y la daga cayó relampagueante sobre la fúnebre alfombra, en la cual, acto seguido, se desplomó, muerto, el príncipe Próspero.

Entonces, invocando el frenético valor de la desesperación, un tropel de máscaras se precipitó a un tiempo en la negra estancia, y agarrando al desconocido, que se mantenía erguido e inmóvil como una gran estatua a la sombra del reloj de ébano, exhalaron un grito de terror inexpresable, viendo que bajo el sudario y la máscara de cadáver que habían aferrado con energía tan violenta no se hallaba forma tangible alguna.

Y, entonces, reconocieron la presencia de la «Muerte Roja». Había llegado como un ladrón en la noche, y, uno por uno, cayeron los alegres libertinos por las salas de la orgía, inundados de un rocío sangriento. Y cada uno murió en la desesperada postura de su caída.

Y la vida del reloj de ébano se extinguió con la del último de aquellos licenciosos. Y las llamas de los trípodes se extinguieron. Y la tiniebla, y la ruina, y la «Muerte Roja» tuvieron sobre todo aquello ilimitado dominio.

[Trad. de Fernando Gutiérrez y Diego Navarro]

Berenice

«Berenice» es una de las historias más populares y celebradas de Edgar Allan Poe, incluida indefectiblemente en toda antología de su obra narrativa desde su primera aparición en el Southern Literary Messenger *en marzo de 1835. Su redacción data de los dos años anteriores a su publicación.*

La redacción de un cuento tan repulsivo se presentaba como un auténtico reto para el autor, quien se inspiró en un escándalo acaecido en Baltimore a principios de 1833: la profanación de tumbas para la sustracción de dientes humanos, vendidos luego a dentistas. Algunos fervientes y quizá en exceso entusiastas investigadores han querido ver en este relato una muestra de la supuesta necrofilia de su autor, ya que, según algunos psicólogos, la fascinación por la dentadura es un síntoma de este trastorno sexual. Sin embargo, cabe recordar que todas las relaciones que Poe mantuvo fueron con mujeres sanas, enfermasen o no posteriormente. La fama de «Berenice» ha propiciado sin duda que se quiera ver en sus palabras más de lo que hay.

Los nombres de los personajes no son casuales. «Egeo» es el nombre del padre de Hermia en Sueño de noche de verano *(1595), de William Shakespeare. A su vez, Berenice era la esposa del rey Ptolomeo III Evergetes de Egipto (282-222 a.C.). Por él, para que volviera sano y salvo de la guerra, se cortó la melena, como una suerte de ofrenda sacrificial a los dioses. Según cuenta el mito, inspiración de un sinfín de poetas, estos tomaron su pelo y lo elevaron al firmamento, donde en la actualidad se reconoce en la constelación de Coma Berenices (literalmente, «la cabellera de Berenice»).*

Dicebant mihi sodales, si sepulchrum amicae visitarem, curas meas aliquamtulum fore levatas.[1]

EBN ZAIAT

El infortunio es múltiple. La desdicha sobre la tierra, multiforme. Dominando el vasto horizonte cual el arcoíris, son sus matices tan varios como los de ese arco, tan claros también, e incluso tan íntimamente mezclados. ¡Dominando el vasto horizonte cual el arcoíris! ¿Cómo he podido obtener de la belleza un tipo de fealdad? ¿Cómo del pacto de paz, un dolor semejante? Pero lo mismo que en la ética el mal es una consecuencia del bien, así, en la realidad, de la alegría nace la pena, bien porque el recuerdo de la felicidad pasada forme la angustia de hoy, bien porque las angustias que *son* tengan su origen en los éxtasis que *pueden haber sido.*

Mi nombre de pila es Egeo; no mencionaré mi apellido familiar. Sin embargo, no hay torreones en la comarca más ilustres que los de mi triste y vetusta casa solariega. Nuestro linaje ha sido llamado raza de visionarios; y en muchos detalles notables –en el carácter de la mansión familiar, en los frescos del salón principal, en los tapices de los dormitorios,

1. «Mis compañeros me aseguraban que visitando el sepulcro de mi amiga aliviaría en parte mis tristezas.» *(N. del T.)*

en los cincelados de algunos pilares de la armería, pero más especialmente en la galería de cuadros antiguos, en el estilo de la biblioteca, y por último, en la particularísima naturaleza del contenido de esa biblioteca– hay más que suficientes pruebas para justificar esa creencia.

El recuerdo de mis primeros años va unido a esa sala y a esos volúmenes, de los cuales no diré nada más. Allí murió mi madre. Allí nací. Pero sería ocioso decir que no he vivido antes, que el alma no tiene una existencia anterior. ¿Lo niega usted? No discutamos ese tema. Convencido yo mismo, no intento convencer. Allí hay, no obstante, un recuerdo de formas aéreas, de ojos espirituales y pensativos, de sonidos musicales, aunque tristes; un recuerdo que no quiere irse; un recuerdo parecido a una sombra, vago, invariable, indefinido, incierto, y como una sombra también, me veo en la imposibilidad de deshacerme de ella mientras exista el sol de mi razón.

En esa estancia nací. Despertando así de la larga noche que parecía ser, pero que no era, la nada, para caer enseguida en las verdaderas regiones de un país de hadas, en un palacio fantástico, en los extraños dominios del pensamiento y de la erudición monásticos, no es raro que haya mirado a mi alrededor con ojos espantados y ardientes, que haya malgastado mi infancia ante los libros y disipado mi juventud en sueños; pero lo que *es* singular, al pasar los años y cuando el mediodía de la virilidad me encontró aún en la casa de mis padres, lo que *es* maravilloso es ese estancamiento que cayó sobre las fuentes de mi vida, maravilloso ese total trastrocamiento que tuvo lugar en el carácter de mis más vulgares pensamientos. Las realidades del mundo me afectaban como visiones, y solo como visiones, mientras que las ideas desenfrenadas de la comarca soñadora llegaban a ser, en cambio, no el alimento de mi existencia diaria, sino realmente mi entera y única existencia.

Berenice y yo éramos primos, y crecimos juntos en mi casa solariega. Aun así, crecimos muy diferentes: yo, mísero de salud y sepultado en la tristeza; ella, ágil, graciosa y desbordante de energía. Para ella era el vagar por la ladera de la colina; para mí, los estudios del claustro. Yo, viviendo dentro de mi propio corazón, y entregado en cuerpo y alma a la más intensa y penosa meditación; ella, vagando despreocupada por la vida, sin pensar en las sombras de su camino o en el vuelo callado de las horas con plumaje de cuervo. ¡Berenice! Grito su nombre –¡Berenice!–, y en las ruinas vetustas de mi memoria se agitan mil recuerdos tumultuosos a ese sonido. ¡Ah, su imagen está viva ante mí ahora, como en los primeros días de su luminoso ardor y de su alegría! ¡Oh, magnífica, y con todo, fantástica belleza! ¡Oh, sílfide entre los arbustos de Arnheim! ¡Oh, náyade entre sus fuentes! Y luego, luego todo es misterio y terror, y una historia que no puede contarse. Una dolencia, una fatal dolencia cayó sobre su persona como el simún; y hasta cuando yo la contemplaba, el espíritu de transformación pesaba sobre ella, penetrando su espíritu, sus hábitos, su carácter, y de la manera más sutil y terrible, ¡perturbaba incluso la identidad de su persona! ¡Ay, el destructor venía y se iba! Y la víctima, ¿dónde está? No la conocía, o al menos, ¡no la conocía ya como Berenice!

Entre la numerosa serie de enfermedades acarreadas por aquella fatal y primera, que provocaron una revolución de un género tan terrible en el ser moral y físico de mi prima, hay que mencionar la de naturaleza más penosa y tenaz: una especie de epilepsia que terminaba con frecuencia en *catalepsia*, una catalepsia muy parecida a la muerte real, y de la que despertaba ella en muchos casos con un brusco sobresalto. Al mismo tiempo mi propia enfermedad –pues me han dicho que no puedo llamarla de otro modo–, mi propia enfermedad aumentaba rápidamente, tomando, por último, el carácter de una monomanía, de una forma nueva y extraordinaria, cobrando a cada hora, a cada minuto mayor energía, y adquiriendo al cabo sobre mí el más incomprensible ascendiente. Esta monomanía, si he de usar este término, consistía en una irritabilidad morbosa de esas facultades del espíritu que la ciencia metafísica denomina «atentas». Es más que probable que no sea yo comprendido; pero temo de veras que no haya manera posible de dar a la mayoría de los lectores una idea adecuada de esa nerviosa *intensidad* de interés con la cual, en mi caso, la facultad de meditación (para no emplear términos técnicos) se ocupaba y se sumía en la contemplación de los objetos más vulgares del universo.

Meditar infatigablemente durante largas horas, con mi atención fija en algún frívolo dibujo sobre el margen o en el texto de un libro; permanecer absorto la mayor parte de un día de verano en una curiosa sombra cayendo oblicuamente sobre el tapiz o sobre el suelo; olvidarme de mí mismo durante una noche entera, espiando la firme llama de una lámpara; soñar toda una jornada con el perfume de una flor; repetir monótonamente alguna palabra vulgar, hasta que el sonido, a causa de las frecuentes repeticiones, cesara de ofrecer una idea cualquiera a la mente; perder todo sentido de movimiento o de existencia física por medio de una absoluta inmovilidad corporal, larga y persistentemente mantenida: tales eran algunas de las más comunes y de las menos perniciosas fantasías promovidas por el estado de mis facultades mentales, que no son, por supuesto, únicas, pero que desafían en verdad todo género de análisis o explicación.

A pesar de todo, no quiero ser malinterpretado. La anormal, grave y morbosa atención así excitada por objetos frívolos en su propia naturaleza no debe confundirse en el carácter con esa tendencia meditativa común a toda la humanidad, y a la que se entregan en particular las personas de imaginación ardiente. Era no solo, como de primera intención podría suponerse, un estado extremo o una exageración de tal tendencia, sino originaria y esencialmente preciso y distinto. En uno de esos casos el soñador o imaginativo, al interesarse por un objeto en general *no* frívolo, de modo insensible pierde de vista ese objeto en un desierto de deducciones y sugestiones que de allí surgen, hasta que al término de uno de esos sueños diarios *con frecuencia henchido de voluptuosidad*, encuentra el *incitamentum* o causa primera de sus meditaciones, por entero desvanecido y olvidado. En mi caso, el objeto primario era *invariablemente frívolo*, aunque revistiendo, a través del medio de mi visión perturbada, una importancia reflejada e irreal. Hacía yo pocas deducciones, si es que hacía alguna, y esas pocas volvían con obstinación al objeto principal como a un centro. Las meditaciones no eran *nunca* placenteras; y al final del ensueño, la causa primera, lejos de estar apartada de la vista, había alcanzado ese interés sobrenaturalmente exagerado que era el rasgo característico de mi enfermedad. En una palabra, la facultad espiritual más ejercitada con preferencia era en mí, como he dicho antes, la de *la atención*, y es, en el soñador diario, la *especulativa*.

Mis libros en aquella época, si no servían en realidad para irritar aquel trastorno, participaban, como debe comprenderse, ampliamente, por su naturaleza imaginativa e inconexa, en las cualidades características del propio mal. Recuerdo bien, entre otros, el tratado de noble italiano Coelius Secundus Curio *De Amplitudine Beati Regni Dei*, la gran obra de san Agustín *La ciudad de Dios* y el *De Carne Christi*, de Tertuliano, cuya paradójica sentencia: «*Mortuus est Dei filius*; *credibile est quia ineptum est; et sepultus resurrexit; certum est quia impossibile est*», absorbió íntegro mi tiempo durante muchas semanas de laboriosa e infructuosa investigación.

Parecerá así que, alterada en su equilibrio por cosas triviales, mi razón mostrara semejanza con esa roca oceánica de que habla Ptolomeo Hefestión, que resistía de firme los ataques de la violencia humana y al más fiero furor de las aguas y de los vientos, temblando únicamente al simple toque de la flor llamada «asfódelo». Y aunque a un pensador de poca fijeza le pueda parecer fuera de duda que la alteración producida por su desdichada dolencia en la condición *moral* de Berenice me proporcionase muchos motivos para el ejercicio de esa intensa y anormal meditación cuya naturaleza me ha costado cierto trabajo explicar, no ocurría así en ningún caso. Durante los intervalos lúcidos de mi dolencia, me causaba su desgracia una pena real, y aquella ruina total de su bella y dulce vida conmovía hondamente mi corazón, sin que dejara yo de reflexionar, muchas veces con amargura, en las maravillosas vías por las cuales había podido producirse tan de súbito una revolución tan extraña. Pero aquellas reflexiones no participaban de la idiosincrasia de mi dolencia, y eran tales como se le hubiesen ocurrido, en circunstancias semejantes, a la masa ordinaria de la humanidad. Fiel a su propio carácter, mi enfermedad se manifestaba en los menos importantes, pero más pavorosos cambios que tenían lugar en el estado *físico* de Berenice, en la singular y aterradora deformación de su identidad personal.

Al correr los días más brillantes de su incomparable belleza, con toda seguridad, no la había yo amado nunca. En la extraña anomalía de mi existencia, mis sentimientos *no me han venido jamás* del corazón, y mis pasiones *han venido siempre* de mi espíritu. A través del gris de las madrugadas, en las sombras entrecruzadas de la selva al mediodía, y en el silencio de mi biblioteca por la noche, voló ella ante mis ojos, y la vi, no como la Berenice de un sueño, no como un ser de la Tierra, tangible, sino como la abstracción de un ser semejante; no como una cosa que admirar, sino que analizar; no como un objeto de ensueño, sino como tema de una especulación tan abstrusa cual inconexa. Y *ahora*, ahora me estremecía en su presencia y palidecía cuando se acercaba; pero, aunque lamentando amargamente su decaído y triste estado, recordaba yo que me había amado largo tiempo, y en un mal momento le hablé de matrimonio.

Se acercaba por fin la época de nuestras nupcias cuando una tarde de invierno, uno de esos días intempestivamente cálidos, tranquilos y brumosos que son como la nodriza de la bella Alcione,[2] me senté (creyéndome solo) en el gabinete interior de la biblioteca. Pero al levantar los ojos vi a Berenice en pie ante mí.

¿Fue mi imaginación excitada, o la influencia brumosa de la atmósfera, o el incierto crepúsculo de la estancia, o el ropaje gris que envolvía su figura lo que hizo tan vacilante y vago su contorno? No podría decirlo con seguridad. Acaso había nacido durante su enfermedad. No habló ella una palabra; y yo por nada del mundo hubiera pronunciado una sílaba. Un estremecimiento helado recorrió mi persona; me oprimió una sensación de insufrible ansiedad; una devoradora curiosidad invadió mi alma, y echándome hacia atrás en el sillón, permanecí durante un rato sin respirar, inmóvil, con los ojos clavados en su figura. ¡Ay! Era excesiva su demacración, y ni un solo vestigio de su ser primero se escondía en ninguna línea de aquel contorno.

No era sino una sombra de lo que había sido. Por fin cayeron sobre su rostro mis ardientes miradas. Su frente era alta, muy pálida, y singularmente plácida; los cabellos en otro tiempo de un negro azabache, la recubrían en parte, tapando las sienes hundidas con innumerables rizos, ahora de un vivo dorado, y cuyo carácter fantástico desentonaba de un modo violento con la predominante melancolía de su rostro. Los ojos carecían de vida y de brillo, y, en apariencia, de pupilas; sin querer, aparté las mías de su fijeza vidriosa para contemplar sus delgados y arrugados labios. Se separaron, y en una sonrisa de un especial significado, aparecieron lentamente ante mi vista *los dientes* de la cambiada Berenice. ¡Pluguiera a Dios que no los hubiese contemplado nunca, o que, al verlos, hubiera muerto yo!

2. «Pues como Júpiter, durante la estación invernal, concedía por dos veces siete días de calor moderado, los hombres llamaron a ese benigno y templado tiempo "la nodriza de la bella Alcione".» (Simónides)

Me sobrecogió el ruido de una puerta que se cerraba, y al levantar los ojos vi que mi prima había salido de la estancia. Pero de la estancia agitada de mi cerebro no había salido, ¡ay!, ni siquiera salir el blanco y triste espectro de aquellos dientes. No había ni una mancha sobre su superficie, ni una sombra sobre su esmalte, ni una mella en su hilera que en aquel breve lapso de su sonrisa no se haya grabado en mi memoria. Los vi *ahora* más inequívocamente que los había contemplado *antes*. ¡Los dientes, los dientes! Estaban allí, allá y en todas partes, visibles y palpables ante mí, largos, estrechos y excesivamente blancos, con los pálidos labios arrugados enmarcándolos, como en el verdadero momento de su primero y terrible desarrollo.

Entonces sobrevino la furia plena de mi *monomanía*, y luché en vano contra su extraña e irresistible influencia. En los objetos multiplicados del mundo exterior no tenía yo pensamientos más que para los dientes. Sentía por ellos un deseo frenético. Todos los demás temas y todos los intereses quedaron absorbidos en su sola contemplación. Ellos, solo ellos estaban presentes a mi mirada mental, y su sola individualidad se convirtió en la esencia de mi vida espiritual. Los veía bajo todas las luces; les daba vueltas en todos sentidos; estudiaba sus características; me preocupaban sus particularidades; meditaba sobre su conformación; reflexionaba sobre la alteración de su naturaleza; me estremecía atribuyéndoles con la imaginación una facultad de sensación y de sensibilidad, e incluso, sin ayuda de los labios, una capacidad de expresión moral. Se ha dicho bien de mademoiselle Sallé que «*tous ses pas étaient des sentiments*», y de Berenice creía yo aún más seriamente *que tous ses dents étaient des idées. Des idées!*[3] ¡Ah, he aquí el pensamiento idiota que me ha perdido! *Des idées!* ¡Ah, *por eso* los codiciaba yo tan locamente! Sentía que

3. «Todos sus pasos eran sentimientos [...] todos sus dientes eran ideas. ¡Ideas!». *(N. del T.)*

solo su posesión podía darme el sosiego y hacerme recobrar la razón.

Y cayó la noche así sobre mí, y entonces vinieron las tinieblas, y se detuvieron, y se disiparon, y despuntó el nuevo día, y la bruma de una segunda noche se amontonó ahora a mi alrededor, y aún seguía yo sentado, inmóvil en aquella estancia solitaria, y todavía el *fantasma* de los dientes mantenía su terrible ascendiente, hasta el punto de que, con la más viva y horrenda claridad, flotaba en torno, entre las luces y las sombras cambiantes de la habitación. Al cabo irrumpió en medio de mis sueños un grito de horror y de congoja, y a él, después de una pausa, sucedió un ruido de voces agitadas, mezcladas con muchos sordos gemidos de dolor o de pena. Me levanté de mi asiento, y abriendo del todo una de las puertas de la biblioteca, vi rígida en la antecámara a una doncella, deshecha en llanto, que me dijo que Berenice ¡ya no existía! Había sufrido un ataque de epilepsia en las primeras horas de la mañana; y ahora, al caer la noche, estaba la tumba dispuesta para su ocupante, y hechos todos los preparativos para el entierro.

Me encontré de nuevo sentado en la biblioteca y solo. Me parecía que acababa de despertarme de un confuso y agitado sueño. Vi que era ahora medianoche, y me di perfecta cuenta de que, al ponerse el sol, sería enterrada Berenice. Pero no he conservado de lo sucedido una comprensión real ni bien definida. Sin embargo, mi memoria estaba llena de horror, horror más terrible aún por ser vago, terror más terrible en su ambigüedad. Era una página espantosa del libro de mi vida, escrita toda con recuerdos oscuros, atroces e ininteligibles.

Me esforcé por descifrarlos, aunque en vano; de cuando en cuando, parecido al espíritu de un sonido muerto, se diría que retumbaba en mis oídos el grito agudo y penetrante de una voz de mujer. Había yo realizado un acto –¿cuál?–. Me dirigía a mí mismo la pregunta en voz alta, y los ecos de la habitación me musitaban: «¿Qué has hecho?».

Sobre la mesa, a mi lado, ardía la lámpara y cerca había una cajita. No poseía un carácter notable, y la había visto antes muchas veces, pues pertenecía al médico de la familia; pero ¿cómo había venido a parar *aquí*, sobre mi mesa, y por qué me estremecía al mirarla? Eran, estas, cosas de poca monta, y mis ojos al final cayeron sobre las páginas abiertas de un libro, y sobre una frase subrayada. Eran las palabras singulares, pero sencillas, del poeta Ebn Zaiat: «Dicebant mihi sodales, si sepulchrum amicae visitarem, curas meas aliquantulum fore levatas». ¿Por qué al leerlas cuidadosamente se me erizaron los cabellos y mi sangre se heló en mis venas?

Dieron un golpecito en la puerta de la biblioteca, y pálido como un habitante de la tumba, entró un criado de puntillas. Sus ojos estaban trastornados de terror, y me habló con una voz trémula, ronca y muy baja. ¿Qué me dijo? Oí algunas palabras entrecortadas. Me habló de un grito espantoso que había turbado el silencio de la noche, de una reunión de toda la servidumbre de la casa, de su búsqueda en dirección de aquel sonido; luego, el tono de su voz se hizo espeluznantemente claro cuando me habló de una tumba violada, de un cuerpo desfigurado, sin la mortaja, pero respirando y palpitando aún, *¡vivo todavía!*

Señaló mis ropas; estaban manchadas de barro y de sangre coagulada. Sin hablar, me cogió con suavidad de la mano: tenía señales de uñas humanas. Dirigió mi atención hacia un objeto apoyado contra la pared. Lo miré durante unos minutos: era una azada. Lanzando un grito salté hacia la mesa, y agarré la caja que había sobre ella. Pero no tuve fuerza para abrirla, y en mi temblor se me escurrió de las manos, cayó pesadamente y se hizo pedazos. De ella, con un ruido tintineante, se escaparon algunos instrumentos de cirugía dental, mezclados con treinta y dos piececitas blancas, parecidas al marfil, que se esparcieron por el suelo aquí y allá. Eran *¡los dientes de Berenice que le había arrancado yo en su tumba!*

[Trad. de Julio Gómez de la Serna]

Ligeia

La presente es una obra cumbre de sus primeros años como narrador. Se trata del cuento más largo escrito por el autor hasta entonces, y, con el tiempo, solo «El hundimiento de la Casa de Usher» lo superaría en extensión. El mismo Poe reconocía su importancia y excelencia: años después de su primera publicación, hasta en dos cartas, dirigidas respectivamente a Philip Pendleton Cooke y a Duyckinck, el escritor reconoce que «Ligeia» es la mejor historia de cuantas ha escrito.

El relato tiene dos inspiraciones literarias evidentes. La primera es la reelaboración del tema amoroso de la novela Ivanhoe *(1819), de Walter Scott, la historia de Rebeca y Rowena y sus implicaciones con la brujería. La segunda, el «Manuscrito de un loco», se encuentra en el capítulo undécimo de* Los papeles póstumos del Club Pickwick *(1836-1837), de Charles Dickens. Allí emergen la incipiente locura del héroe, la ausencia de amor de la novia, el odio demoníaco del marido... Son muchas las semejanzas que comparte el escrito de Poe con ambos textos.*

Después de la publicación de «Ligeia» en el American Museum *de Baltimore, en septiembre de 1838, mandó el manuscrito a Philip Pendleton Cooke: quería saber si el final de la historia era comprensible. La respuesta no fue del todo satisfactoria, puesto que había algún aspecto que al colega del autor le parecía un poco oscuro. En ediciones posteriores, Poe trataría de arrojar luz en esa dirección y mejorar así su relato.*

No hay duda alguna respecto a la intención del escritor de construir en «Ligeia» una narración sobre la magia. Aun así, no es raro encontrar artículos que interpretan el cuento como una historia de arrepentimiento y alucinación, en parte porque el narrador reconoce abiertamente que consume opio. Probablemente, Poe no estaría del todo en desacuerdo con tales lecturas, aunque es de suponer que, para él, magia e ilusión deben ir de la mano en este cuento.

> Y allí se encuentra la voluntad, que no fenece. ¿Quién conoce los misterios de la voluntad y su vigor? Pues Dios es una gran voluntad que penetra todas las cosas por la naturaleza de su atención. El hombre no se rinde a los ángeles, ni por entero a la muerte, salvo únicamente por la flaqueza de su débil voluntad.
>
> JOSEPH GLANVILL

No puedo, por mi alma, recordar ahora cómo, cuándo, ni exactamente dónde trabé por primera vez conocimiento con lady Ligeia. Largos años han transcurrido desde entonces, y mi memoria es débil porque ha sufrido mucho. O quizá no puedo *ahora* recordar aquellos extremos porque, en verdad, el carácter de mi amada, su raro saber, la singular aunque plácida clase de su belleza, y la conmovedora y dominante elocuencia de su hondo lenguaje musical se han abierto camino en mi corazón con paso tan constante y cautelosamente progresivo, que ha sido inadvertido y desconocido. Creo, sin embargo, que la encontré por vez primera, y luego con mayor frecuencia, en una vieja y ruinosa ciudad cercana al Rin. De seguro, le he oído hablar de su familia. Está fuera de duda que provenía de una fecha muy remota. ¡Ligeia, Ligeia! Sumido en estudios que por su naturaleza se adaptan más que cualesquiera otros a amortiguar las impresiones del mundo exterior, me bastó este dulce nombre –Ligeia– para evocar ante mis ojos, en mi fantasía, la imagen de la que ya no existe. Y ahora, mientras escribo, ese recuerdo centellea sobre mí, que no he *sabido nunca* el apellido paterno de la que fue mi amiga y mi prometida, que llegó a ser mi compañera de estudios y al fin, la esposa de mi corazón. ¿Fue aquello una orden mimosa por parte de mi Ligeia? ¿O fue una prueba de la fuerza de mi afecto lo que me llevó a no hacer investigaciones sobre ese punto? ¿O fue más bien un capricho mío, una vehemente y romántica ofrenda sobre el altar de la más apasionada devoción? Si solo recuerdo el hecho de un modo confuso, ¿cómo asombrarse de que haya olvidado tan por completo las circunstancias que lo originaron o lo acompañaron? Y en realidad, si alguna vez el espíritu que llaman *novelesco*, si alguna vez la brumosa y alada Ashtophet del idólatra Egipto, preside, según dicen, los matrimonios fatídicamente adversos, con toda seguridad presidió el mío.

Hay un tema dilecto, empero, sobre el cual no falla mi memoria. Es este la *persona* de Ligeia. Era de alta estatura, algo delgada, e incluso en los últimos días muy demacrada. Intentaría yo en vano describir la majestad, la tranquila soltura de su porte o la incomprensible ligereza y flexibilidad de su paso. Llegaba y partía como una sombra. No me daba cuenta jamás de su entrada en mi cuarto de estudio, salvo por la amada música de su apagada y dulce voz, cuando posaba ella su marmórea mano sobre mi hombro. En cuanto a la belleza de su faz, ninguna doncella la ha igualado nunca. Era el esplendor de un sueño de opio, una visión aérea y encantadora, más ardorosamente divina que las fantasías que revuelan alrededor de las almas dormidas de las hijas de Delos. Con todo, sus rasgos no poseían ese modelado regular que nos han enseñado falsamente a reverenciar en las obras clásicas del paganismo. «No hay belleza exquisita –dice Bacon, lord Verulam–, hablando con certidumbre de todas las formas y *genera* de belleza, sin algo *extraño* en la proporción.» No obstante, aunque yo veía que los rasgos de Ligeia no poseían una regularidad clásica, aunque notaba que su belleza era realmente «exquisita», y sentía que había en ella mucho de «extraño», me esforzaba en vano por descubrir la irregularidad y por perseguir los indicios de mi propia percepción de «lo extraño». Examinaba el contorno de la frente alta y pálida –una frente irreprochable: ¡cuán fría es, en verdad, esta palabra cuando se aplica a una majestad tan divina!–, la piel que competía con el más puro marfil, la amplitud imponente, la serenidad, la graciosa prominencia de las regiones que dominaban las sienes; y luego aquella cabellera de un color negro como plumaje de cuervo, brillante, profusa, naturalmente rizada, y que demostraba toda la potencia del epíteto homérico, «¡jacintina!». Miraba yo las líneas delicadas de la nariz, y en ninguna parte más que en los graciosos medallones hebraicos había contemplado una perfección semejante. Era la misma tersura de superficie, la misma tendencia casi imperceptible a lo aguileño, las mismas aletas curvadas con armonía que revelaban un espíritu libre. Contemplaba yo la dulce boca. Encerraba el triunfo de todas las cosas celestiales: la curva magnífica del labio superior, un poco corto, el aire suave y voluptuosamente reposado del interior, los hoyuelos que se marcaban y el color que hablaba, los dientes reflejando en una especie de relámpago cada rayo de luz bendita que caía sobre ellos en sus sonrisas serenas y plácidas, pero siempre radiantes y triunfadoras. Analizaba la forma del mentón, y allí también encontraba la gracia, la anchura, la dulzura, la majestad, la plenitud y la espiritualidad griegas, ese contorno que el dios Apolo reveló solo en sueños a Cleómenes, el hijo del ateniense. Y luego miraba yo los grandes ojos de Ligeia.

Para los ojos no encuentro modelos en la más remota antigüedad. Acaso era en aquellos ojos de mi amada donde residía el secreto al que lord Verulam alude. Eran, creo yo, más grandes que los ojos ordinarios de nuestra propia raza. Más grandes que los ojos de la gacela de la tribu del valle de Nourjahad. Aun así, a ratos era –en los momentos de intensa excitación– cuando esa particularidad se hacía más notablemente impresionante en Ligeia. En tales momentos su belleza era –al menos, así parecía quizá a mi imaginación inflamada– la belleza de las fabulosas huríes de los turcos. Las pupilas eran del negro más brillante y bordeadas de pestañas de azabache muy largas; sus cejas, de un dibujo ligeramente irregular, tenían ese mismo tono. Sin embargo, lo *extraño* que encontraba yo en los ojos era independiente de su forma, de su color y de su brillo, y debía atribuirse, en suma, a la *expresión.* ¡Ah, palabra sin sentido, puro sonido, vasta latitud en que se atrinchera nuestra ignorancia de lo espiritual! ¡La expresión de los ojos de Ligeia! ¡Cuántas largas horas he meditado en ello; cuántas veces, durante una noche entera de verano, me he esforzado en sondearlo! ¿Qué era *aquello*, aquel lago más profundo que el pozo de Demócrito que yacía en el fondo de las pupilas de mi amada? ¿Qué *era* aquello? Se adueñaba de mí la pasión de descubrirlo. ¡Aquellos ojos! ¡Aquellas grandes, aquellas brillantes, aquellas divinas pupilas! Habían llegado a ser para mí las estrellas gemelas de Leda, y era yo para ellas el más devoto de los astrólogos.

No existe hecho, entre las muchas incomprensibles anomalías de la ciencia psicológica, que sea más sobrecogedoramente emocionante que el hecho –nunca señalado, según creo, en las escuelas– de que, en nuestros esfuerzos por traer a la memoria una cosa olvidada desde hace largo tiempo, nos encontremos con frecuencia *al borde mismo* del recuerdo, sin ser al fin capaces de recordar. Y así, ¡cuántas veces, en mi ardiente análisis de los ojos de Ligeia, he sentido acercarse el conocimiento pleno de su expresión! ¡Lo he sentido acercarse, y a pesar de ello, no lo he poseído del todo, y por último, ha desaparecido en absoluto! Y (¡extraño, oh, el más extraño de todos los misterios!) he encontrado en los objetos más vulgares del mundo una serie de analogías con esa expresión. Quiero decir que, después del período en que la belleza de Ligeia pasó por mi espíritu y quedó allí como en un altar, extraje de varios seres del mundo material una sensación análoga a la que se difundía sobre mí, en mí, bajo la influencia de sus grandes y luminosas pupilas. Por otra parte, no soy menos incapaz de definir aquel sentimiento, de analizarlo o incluso de tener una clara percepción de él. Lo he reconocido, repito, algunas veces en el aspecto de una viña crecida deprisa, en la contemplación de una falena, de una mariposa, de una crisálida, de una corriente de agua presurosa. Lo he encontrado en el océano, en la caída de un meteoro. Lo he sentido en las miradas de algunas personas de edad desusada. Hay en el cielo una o dos estrellas (en particular, una estrella de sexta magnitud, doble y cambiante, que se puede encontrar junto a la gran estrella de la Lira) que, vistas con telescopio, me han producido un sentimiento análogo. Me he sentido henchido de él con los sonidos de ciertos instrumentos de cuerda, y a menudo en algunos pasajes de libros. Entre otros innumerables ejemplos, recuerdo muy bien un fragmento de un volumen de Joseph Glanvill que (tal vez sea simplemente por su exquisito arcaísmo, ¿quién podría decirlo?) no ha dejado nunca de inspirarme el mismo sentimiento: «Y allí se encuentra la voluntad, que no fenece. ¿Quién conoce los misterios de la voluntad y su vigor? Pues Dios es una gran voluntad que penetra todas las cosas por la naturaleza de su atención. El hombre no se rinde a los ángeles, ni por entero a la muerte, salvo únicamente por la flaqueza de su débil voluntad».

Durante el transcurso de los años, y por una sucesiva reflexión, he logrado trazar, en efecto, alguna remota relación entre ese pasaje del moralista inglés y una parte del carácter de Ligeia. Una *intensidad* de pensamiento, de acción, de palabra era quizá el resultado, o por lo menos, el indicio de una gigantesca volición que, durante nuestras largas relaciones, hubiese podido dar otras y más inmediatas pruebas de su existencia. De todas las mujeres que he conocido, ella, la tranquila al exterior, la siempre plácida Ligeia, era la presa más desgarrada por los tumultuosos buitres de la cruel pasión. Y no podía yo evaluar aquella pasión, sino por la milagrosa expansión de aquellos ojos que me deleitaban y me espantaban al mismo tiempo, por la melodía casi mágica, por la modulación, la claridad y la placidez de su voz muy profunda, y por la fiera energía (que hacía el doble de efectivo el contraste con su manera de pronunciar) de las vehementes palabras que profería ella habitualmente.

He hablado del saber de Ligeia: era inmenso, tal como no lo he conocido nunca en una mujer. Sabía a fondo las lenguas clásicas, y hasta donde podía apreciarlo mi propio conocimiento, los dialectos modernos europeos, en los cuales no la he sorprendido nunca en falta. Bien mirado, sobre cualquier tema de la erudición académica tan alabada, solo por ser más abstrusa, ¿he sorprendido en falta *nunca* a Ligeia? ¡Cuán singularmente, cuán emocionantemente, había impresionado mi atención en este último período solo aquel rasgo en el carácter de mi esposa! He dicho que su cultura superaba la de toda mujer que he conocido; pero ¿dónde está el hombre que haya atravesado con éxito todo el amplio campo de las ciencias morales, físicas y matemáticas? No vi entonces lo que ahora percibo con claridad; que los conocimientos de Ligeia eran gigantescos, pasmosos; por mi parte, me daba la suficiente cuenta de su infinita superioridad para resignarme, con la confianza de un colegial, a dejarme guiar por ella a través del mundo caótico de las investigaciones metafísicas, del que me ocupé con ardor durante los primeros años de nuestro matrimonio. ¡Con qué vasto triunfo, con qué vivas delicias, con qué esperanza etérea la *sentía* inclinada sobre mí en medio de estudios tan poco explorados, tan poco conocidos! ¡Y veía ensancharse en lenta graduación aquella deliciosa perspectiva ante mí, aquella larga avenida, espléndida y virgen, a lo largo de la cual debía yo alcanzar al cabo la meta de una sabiduría harto divinamente preciosa para no estar prohibida!

Por eso, ¡con qué angustioso pesar vi, después de algunos años, mis esperanzas tan bien fundadas abrir las alas juntas y volar lejos! Sin Ligeia, era yo nada más que un niño a tientas en la noche. Solo su presencia, sus lecturas podían hacer vivamente luminosos los múltiples misterios del trascendentalismo en el cual estábamos sumidos. Privado del radiante esplendor de sus ojos, toda aquella literatura alígera y dorada se volvía insulsa, de una plúmbea tristeza. Y ahora aquellos ojos iluminaban cada vez con menos frecuencia las páginas que yo estudiaba al detalle. Ligeia cayó enferma. Los ardientes ojos refulgieron con un brillo demasiado glorioso; los pálidos dedos tomaron el tono de la cera, y las azules venas de su ancha frente latieron impetuosamente vibrantes en la más dulce emoción. Vi que debía ella morir, y luché desesperado en espíritu contra el horrendo Azrael. Y los esfuerzos de aquella apasionada esposa fueron, con asombro mío, aún más enérgicos que los míos. Había mucho en su firme naturaleza que me impresionaba y hacía creer que para ella llegaría la muerte sin sus terrores; pero no fue así. Las palabras son impotentes para dar una idea de la ferocidad de resistencia que ella mostró en su lucha con la Sombra. Gemía yo de angustia ante aquel deplorable espectáculo. Hubiese querido calmarla, hubiera querido razonar; pero en la intensidad de su salvaje deseo de vivir –de vivir; *solo* de vivir–, todo consuelo y todo razonamiento habrían sido el colmo de la locura. Sin embargo, hasta el último instante, en medio de las torturas y de las convulsiones de su firme espíritu, no flaqueó la placidez exterior de su conducta. Su voz se tornaba más dulce –más profunda–, ¡pero yo no quería insistir en el vehemente sentido de aquellas palabras proferidas con tanta calma! Mi cerebro daba vueltas cuando prestaba oído a aquella melodía sobrehumana y a aquellas arrogantes aspiraciones que la humanidad no había conocido nunca antes.

No podía dudar de que me amaba, y me era fácil saber que en un pecho como el suyo el amor no debía de reinar como una pasión ordinaria. Pero solo en la muerte comprendí toda la fuerza de su afecto. Durante largas horas, reteniendo mi mano, desplegaba ante mí su corazón rebosante, cuya devoción más que apasionada llegaba a la idolatría. ¿Cómo podía yo merecer la beatitud de tales confesiones? ¿Cómo podía yo merecer estar condenado hasta el punto de que mi amada me fuese arrebatada en la hora de mayor felicidad? Pero no puedo extenderme sobre este tema. Diré únicamente que en la entrega más que femenina de Ligeia a un amor, ¡ay!, no merecido, otorgado a un hombre indigno de él, reconocí por fin el principio de su ardiente, de su vehemente y serio deseo de vivir aquella vida que huía ahora con tal rapidez. Y es ese ardor desordenado, esa vehemencia en su deseo de vivir –*solo* de vivir–, lo que no tengo vigor para describir, lo que me siento por completo incapaz de expresar.

A una hora avanzada de la noche en que ella murió, me llamó perentoriamente a su lado, y me hizo repetir ciertos versos compuestos por ella pocos días antes. La obedecí. Son los siguientes:

¡Mirad! ¡Esta es noche de gala
después de los postreros años tristes!
Una multitud de ángeles alígeros, ornados
de velos, y anegados en lágrimas,
se sienta en un teatro, para ver
un drama de miedos y esperanzas,
mientras la orquesta exhala, a ratos,
la música de los astros.

Mimos, a semejanza del Altísimo,
murmuran y rezongan quedamente,
volando de un lado para otro;
meros muñecos que van y vienen
a la orden de grandes seres informes
que trasladan la escena aquí y allá,
¡sacudiendo con sus alas de cóndor
el Dolor invisible!

¡Qué abigarrado drama! ¡Oh, sin duda,
jamás será olvidado!
Con su Fantasma, sin cesar acosado,
por un gentío que apresarle no puede,
en un círculo que gira eternamente
sobre sí propio y en el mismo sitio;
¡mucha Locura, más Pecado aún
y el Horror, son alma de la trama!

Pero mirad: ¡entre la chusma mímica
una forma rastrera se entremete!
¡Una cosa roja de sangre que llega retorciéndose
de la soledad escénica!
¡Se retuerce y retuerce! Con jadeos mortales
los mimos son ahora su pasto,
los serafines lloran viendo los dientes del gusano
chorrear sangre humana.

¡Fuera, fuera todas las luces!
Y sobre cada forma trémula,
el telón cual paño fúnebre,
baja con tempestuoso ímpetu...
Los ángeles, pálidos todos, lívidos,
se levantan, se descubren, afirma
que la obra es la tragedia Hombre,
y su héroe, el Gusano triunfante.

–¡Oh, Dios mío! –gritó casi Ligeia, alzándose de puntillas y extendiendo sus brazos hacia lo alto con un movimiento espasmódico, cuando acabé de recitar estos versos–. ¡Oh, Dios mío! ¡Oh, Padre Divino! ¿Sucederán estas cosas irremisiblemente? ¿No será nunca vencido ese conquistador? ¿No somos nosotros una parte y una parcela de Ti? ¿Quién conoce los misterios de la voluntad y su vigor? El hombre no se rinde a los ángeles, *ni por entero a la muerte*, salvo únicamente por la flaqueza de su débil voluntad.

Y entonces, como agotada por la emoción, dejó caer sus blancos brazos con resignación, y volvió solemnemente a su lecho de muerte. Y cuando exhalaba sus postreros suspiros se mezcló a ellos desde sus labios un murmullo confuso. Agucé el oído y distinguí de nuevo las terminantes palabras del pasaje de Glanvill: «El hombre no se rinde a los ángeles, ni por entero a la muerte, salvo únicamente por la flaqueza de su débil voluntad».

Ella murió: y yo, pulverizado por el dolor, no pude soportar más tiempo la solitaria desolación de mi casa en la sombría y ruinosa ciudad junto al Rin. No carecía yo de eso que el mundo llama riqueza. Ligeia me había aportado más; mucho más de lo que corresponde comúnmente a la suerte de los mortales. Por eso, después de unos meses perdidos en vagabundeos sin objeto, adquirí y me encerré en una especie de retiro, una abadía cuyo nombré no diré, en una de las regiones más selváticas y menos frecuentadas de la bella Inglaterra.

La sombría y triste grandeza del edificio, el aspecto casi salvaje de la posesión, los melancólicos y venerables recuerdos que con ella se relacionaban, estaban, en verdad, al unísono con el sentimiento de total abandono que me había desterrado a aquella distante y solitaria región del país. Sin embargo, aunque dejando a la parte exterior de la abadía su carácter primitivo y la verdeante vetustez que tapizaba sus muros, me dediqué con una perversidad infantil, y quizá con la débil esperanza de aliviar mis penas, a desplegar por dentro magnificencias más que regias. Desde la infancia sentía yo una gran inclinación por tales locuras, y ahora volvían a mí como en una chochez del dolor. ¡Ay, siento que se hubiera podido descubrir un comienzo de locura en aquellos suntuosos y fantásticos cortinajes, en aquellas solemnes esculturas egipcias, en aquellas cornisas y muebles raros, en los extravagantes ejemplares de aquellos tapices granjeados de oro! Me había convertido en un esclavo forzado de las ataduras del opio, y todos mis trabajos y mis planes habían tomado el color de mis sueños. Pero no me detendré en detallar aquellos absurdos. Hablaré solo de aquella estancia maldita para siempre, donde en un momento de enajenación mental conduje al altar y tomé por esposa –como sucesora de la inolvidable Ligeia– a lady Rowena Trevanion de Tremaine, de rubios cabellos y ojos azules.

No hay una sola parte de la arquitectura y del decorado de aquella estancia nupcial que no aparezca ahora visible ante mí. ¿Dónde tenía la cabeza la altiva familia de la prometida para permitir, impulsada por la sed de oro, a una joven tan querida que franqueara el umbral de una estancia adornada así? Ya he dicho que recuerdo minuciosamente los detalles de aquella estancia, aunque olvide tantas otras cosas de aquel extraño período; y el caso es que no había, en aquel lujo fantástico, sistema que pudiera imponerse a la memoria. La habitación estaba situada en una alta torre de aquella abadía, construida como un castillo; era de forma pentagonal y muy espaciosa. Todo el lado sur del pentágono estaba ocupado por una sola ventana –una inmensa superficie hecha de una luna entera de Venecia, de un tono oscuro–, de modo que los rayos del sol o de la luna que la atravesaban proyectaban sobre los objetos interiores una luz lúgubre. Por encima de aquella enorme ventana se extendía el enrejado de una añosa parra que trepaba por los muros macizos de la torre. El techo, de roble que parecía negro, era excesivamente alto, abovedado y curiosamente labrado con las más extrañas y grotescas muestras de un estilo semigótico y semidruídico. En la parte central más escondida de aquella melancólica bóveda colgaba, a modo de lámpara de una sola cadena de oro con largos anillos, un gran incensario del mismo metal, de estilo árabe, y con muchos calados caprichosos, a través de los cuales corrían y se retorcían con la vitalidad de una serpiente una serie continua de luces policromas.

Unas otomanas y algunos candelabros dorados, de forma oriental, se hallaban diseminados alrededor; y estaba también el lecho –el lecho nupcial– de estilo indio, bajo y labrado en recio ébano, coronado por un dosel parecido a un paño fúnebre. En cada uno de los ángulos de la estancia se alzaba un gigantesco sarcófago de granito negro, copiado de las tumbas de los reyes frente a Luxor, con su antigua tapa cubierta toda de relieves inmemoriales. Pero era en el tapizado de la estancia, ¡ay!, donde se desplegaba la mayor fantasía. Los muros, altísimos –de una altura gigantesca, más allá de toda proporción–, estaban tendidos de arriba abajo de un tapiz de aspecto pesado y macizo, tapiz hecho de la misma materia que la alfombra del suelo, y de la que se veía en las otomanas, en el lecho de ébano, en el dosel de este y en las suntuosas cortinas que ocultaban parcialmente la ventana. Aquella materia era un tejido de oro de los más ricos. Estaba moteado, en espacios irregulares, de figuras arabescas, de un pie de diámetro, aproximadamente, que hacían resaltar sobre el fondo sus dibujos de un negro de azabache. Pero aquellas figuras no participaban del verdadero carácter del arabesco más que cuando se las examinaba desde un solo punto de vista. Por un procedimiento hoy muy corriente, y cuyos indicios se encuentran en la más remota antigüedad, estaban hechas de manera que cambiaban de aspecto. Para quien entrase en la estancia, tomaban la apariencia de simples monstruosidades; pero, cuando se avanzaba después, aquella apariencia desaparecía gradualmente, y paso a paso el visitante, variando de sitio en la habitación, se veía rodeado de una procesión continua de formas espantosas, como las nacidas de la superstición de los normandos o como las que se alzan en los sueños pecadores de los frailes. El efecto fantasmagórico aumentaba en gran parte por la introducción artificial de una fuerte corriente de aire detrás de los tapices, que daba al conjunto una horrenda e inquietante animación.

Tal era la mansión, tal era la estancia nupcial en donde pasé, con la dama de Tremaine, las horas impías del primer mes de nuestro casamiento, y las pasé con una leve inquietud. Que mi esposa temiese las furiosas extravagancias de mi carácter, que me huyese y me amase apenas, no podía yo dejar de notarlo; pero aquello casi me complacía. La odiaba con un odio más propio del demonio que del hombre. Mi memoria se volvía (¡oh, con qué intensidad de dolor!) hacia Ligeia, la amada, la augusta, la bella, la sepultada. Gozaba recordando su pureza, su sabiduría, su elevada y etérea naturaleza, su apasionado e idólatra amor. Ahora mi espíritu ardía plena y libremente con una llama más ardiente que la suya propia. Con la excitación de mis sueños de opio (pues estaba apresado de ordinario por las cadenas de la droga), gritaba su nombre en el silencio de la noche, o durante el día en los retiros escondidos de los valles, como si con la energía salvaje, la pasión solemne, el ardor devorador de mi ansia por la desaparecida, pudiese yo volverla a los caminos de esta tierra que había ella abandonado –¡ah!, ¿era *posible*?– para siempre.

A principios del segundo mes de matrimonio, lady Rowena fue atacada de una dolencia repentina, de la que se repuso lentamente. La fiebre que la consumía hacía sus noches penosas, y en la inquietud de un semisopor, hablaba de ruidos y de movimientos que se producían en un lado y en otro de la torre, y que atribuía yo al trastorno de su imaginación o acaso a las influencias fantasmagóricas de la propia estancia. Al cabo entró en convalecencia, y por último, se restableció. Aun así, no había transcurrido más que un breve período de tiempo, cuando un segundo y más violento ataque la volvió a llevar al lecho del dolor, y de aquel ataque no se restableció nunca del todo su constitución, que había sido siempre débil. Su dolencia tuvo desde esa época un carácter alarmante y unas recaídas más alarmantes aún que desafiaban toda ciencia y los denodados esfuerzos de sus médicos. A medida que se agravaba aquel mal crónico, que desde entonces, sin duda, se había apoderado por demás de su constitución para ser factible que lo arrancasen medios humanos, no pude impedirme de observar una irritación nerviosa creciente y una excitabilidad en su temperamento por las causas más triviales de miedo. Volvió ella a hablar, y ahora, con mayor frecuencia e insistencia, de ruidos –de ligeros ruidos– y de movimientos insólitos en los tapices, a los que había ya aludido.

Una noche, hacia finales de septiembre, me llamó la atención sobre aquel tema angustioso en un tono más desusado que de costumbre. Acababa ella de despertarse de un sueño inquieto, y había yo espiado, con un sentimiento medio de ansiedad, medio de vago terror, las muecas de su demacrado rostro. Me hallaba sentado junto al lecho de ébano en una de las otomanas indias. Se incorporó ella a medias y habló en un excitado murmullo de ruidos que *entonces* oía, pero que yo no podía oír, y de movimientos que *entonces* veía, aunque yo no los percibiese. El viento corría veloz por detrás de los tapices, y me dediqué a demostrarle (lo cual debo confesar que no podía yo creerlo del *todo*) que aquellos rumores apenas articulados y aquellos cambios casi imperceptibles en las figuras de la pared eran tan solo los efectos naturales de la corriente de aire habitual. Pero una palidez mortal que se difundió por su cara probó que mis esfuerzos por tranquilizarla eran inútiles. Pareció desmayarse, y no tenía yo cerca criados a quienes llamar. Recordé el sitio donde estaba colocada una botella de un vino suave, recetado por los médicos, y crucé, presuroso, por la estancia para cogerla. Pero al pasar bajo la luz del incensario, dos detalles de una naturaleza impresionante atrajeron mi atención. Había yo sentido algo palpable, aunque invisible, que pasaba cerca de mi persona, y vi sobre el tapiz de oro, en el centro mismo de la viva luz que proyectaba el incensario, una sombra, una débil e indefinida sombra de angelical aspecto, tal como se puede imaginar la sombra de una forma. Pero como estaba yo vivamente excitado por una dosis excesiva de opio, no concedí más que una leve importancia a aquellas cosas ni hablé de ellas a Rowena. Encontré el vino, crucé de nuevo la habitación y llené un vaso que acerqué a los labios de mi desmayada mujer. Entretanto, se había repuesto en parte, y cogió ella misma el vaso, mientras me dejaba yo caer sobre una otomana cerca del lecho, con los ojos fijos en su persona. Fue entonces cuando oí claramente un ligero rumor de pasos sobre la alfombra junto al lecho, y un segundo después, cuando Rowena hacía ademán de alzar el vino hasta sus labios, vi o pude haber soñado que veía caer dentro del vaso, como de alguna fuente invisible que estuviera en el aire de la estancia, tres o cuatro anchas gotas de un líquido brillante color rubí. Si yo lo vi, Rowena no lo vio. Bebió el vino sin vacilar, y me guardé bien de hablarle de aquel incidente que tenía yo que considerar, después de todo, como sugerido por una imaginación sobreexcitada a la que hacían morbosamente activa el terror de mi mujer, el opio y la hora.

A pesar de todo, no pude ocultar a mi propia percepción que, inmediatamente después de la caída de las gotas color rubí, un rápido cambio –pero a un estado peor– tuvo lugar en la enfermedad de mi esposa; de tal modo que a la tercera noche las manos de sus servidores la preparaban para la tumba, y la cuarta estaba yo sentado solo, ante el cuerpo de ella envuelto en un sudario, en aquella fantástica estancia que la había recibido como a mi esposa. Extrañas visiones, engendradas por el opio, revoloteaban como sombras ante mí. Miraba con ojos inquietos los sarcófagos en los ángulos de la estancia, las figuras cambiantes de los tapices y las luces serpentinas y policromas del incensario sobre mi cabeza. Mis ojos cayeron entonces, cuando intentaba recordar los incidentes de la noche anterior, en aquel sitio, bajo la claridad del incensario, donde había yo visto las huellas ligeras de la sombra. Sin embargo, ya no estaba allí, y respirando con gran alivio, volví la mirada hacia la pálida y rígida figura tendida sobre el lecho. Entonces se precipitaron sobre mí los mil recuerdos de Ligeia, y luego refluyó hacia mi corazón con la violenta turbulencia de un oleaje todo aquel indecible dolor con que la había contemplado amortajada. La noche iba pasando, y siempre con el pecho henchido de amargos pensamientos de ella, de mi solo y único amor, permanecí con los ojos fijos en el cuerpo de Rowena.

Sería medianoche o tal vez más temprano, pues no había tenido yo en cuenta el tiempo, cuando un sollozo quedo, ligero, pero muy claro, me despertó, sobresaltado, de mi ensueño. *Sentí* que venía del lecho de ébano, el lecho de muerte. Escuché con la angustia de un terror supersticioso, pero no se repitió aquel ruido. Forcé mi vista para descubrir un movimiento cualquiera en el cadáver, pero no se oyó nada. Con todo, no podía haberme equivocado. *Había yo* oído el ruido, siquiera ligero, y mi alma estaba muy despierta en mí. Mantuve resuelta y tenazmente concentrada mi atención sobre el cuerpo. Pasaron varios minutos antes de que ocurriese algún incidente que proyectase luz sobre el misterio. Por último resultó evidente que una coloración leve y muy débil, apenas perceptible, teñía de rosa y se difundía por las mejillas y por las sutiles venas de sus párpados. Aniquilado por una especie de terror y de horror indecibles, para los cuales no posee el lenguaje humano una expresión lo suficientemente enérgica, sentí que mi corazón se paralizaba y que mis miembros se ponían rígidos sobre mi asiento. No obstante, el sentimiento del deber me devolvió, por último, el dominio de mí mismo. No podía dudar ya por más tiempo que habíamos efectuado prematuros preparativos fúnebres, ya que Rowena vivía aún. Era necesario realizar desde luego alguna tentativa; pero la torre estaba completamente separada del ala de la abadía ocupada por la servidumbre, no había cerca ningún criado al que pudiera llamar ni tenía yo manera de pedir auxilio, como no abandonase la estancia durante unos minutos, a lo cual no podía arriesgarme. Luché, pues, solo, haciendo esfuerzos por reanimar aquel espíritu todavía en suspenso. A la postre, en un breve lapso de tiempo, hubo una recaída evidente; desapareció el color de los párpados y de las mejillas, dejando una palidez más que marmórea; los labios se apretaron con doble fuerza y se contrajeron con la expresión lívida de la muerte; una frialdad y una viscosidad repulsiva cubrieron enseguida la superficie del cuerpo, y la habitual rigidez cadavérica sobrevino al punto. Me dejé caer, trémulo, sobre el canapé del que había sido arrancado tan de súbito, y me abandoné de nuevo, trasoñando, a mis apasionadas visiones de Ligeia.

Una hora transcurrió así, cuando (¿sería posible?) percibí por segunda vez un ruido vago que venía de la parte del lecho. Escuché, en el colmo del horror. El ruido se repitió; era un suspiro. Precipitándome hacia el cadáver, vi –vi con toda claridad– un temblor sobre los labios. Un minuto después se abrieron, descubriendo una brillante hilera de dientes perlinos. El asombro luchó entonces en mi pecho con el profundo terror que hasta ahora lo había dominado. Sentí que mi vista se oscurecía, que mi razón se extraviaba, y gracias únicamente a un violento esfuerzo, recobré al fin valor para cumplir la tarea que el deber volvía a imponerme. Había ahora un color cálido sobre la frente, sobre las mejillas y sobre la garganta; un calor perceptible invadía todo el cuerpo, e incluso el corazón tenía un leve latido. Mi mujer *vivía.* Con un ardor redoblado, me dediqué a la tarea de resucitarla; froté y golpeé las sienes y las manos, y utilicé todos los procedimientos que me sugirieron la experiencia y numerosas lecturas médicas. Pero fue en vano. De repente el color desapareció, cesaron los latidos, los labios volvieron a adquirir la expresión de la muerte, y un instante después, el cuerpo entero recobró su frialdad de hielo, aquel tono lívido, su intensa rigidez, su contorno hundido, y todas las horrendas peculiaridades de lo que ha permanecido durante varios días en la tumba.

Y me sumí otra vez en las visiones de Ligeia, y otra vez (¿cómo asombrarse de que me estremezca mientras escribo?), *otra* vez llegó a mis oídos un sollozo sofocado desde el lecho de ébano. Pero ¿para qué detallar con minuciosidad los horrores indecibles de aquella noche? ¿Para qué detenerme en relatar ahora cómo, una vez tras otra, casi hasta que despuntó el alba, el horrible drama de la resurrección se repitió; cómo cada aterradora recaída se transformaba tan solo en una muerte más rígida y más irremediable, cómo cada angustia tomaba el aspecto de una lucha con un adversario invisible, y cómo ahora cada lucha era seguida por no sé qué extraña alteración en la apariencia del cadáver? Me apresuraré a terminar.

La mayor parte de la espantosa noche había pasado, y la que estaba muerta se movió de nuevo, al presente con más vigor que nunca, aunque despertándose de una disolución más aterradora y más totalmente irreparable que ninguna. Había yo, desde hacía largo rato, interrumpido la lucha y el movimiento y permanecía sentado rígido sobre la otomana, presa impotente de un torbellino de violentas emociones, de las cuales la menos terrible quizá, la menos aniquilante, constituía un supremo espanto. El cadáver, repito, se movía, y al presente con más vigor que antes. Los colores de la vida se difundían con una inusitada energía por la cara, se distendían los miembros, y salvo que los párpados seguían apretados fuertemente, y que los vendajes y los tapices comunicaban aún a la figura su carácter sepulcral, habría yo soñado que Rowena se libertaba por completo de las cadenas de la Muerte. Pero si no acepté esta idea por entero, desde entonces no pude ya dudar por más tiempo, cuando, levantándose del lecho, vacilante, con débiles pasos, a la manera de una persona aturdida por un sueño, la forma que estaba amortajada avanzó osada y palpablemente hasta el centro de la estancia.

No temblé, no me moví, pues una multitud de fantasías indecibles, relacionadas con el aire, la estatura, el porte de la figura, se precipitaron velozmente en mi cerebro, me paralizaron, me petrificaron. No me movía, sino que contemplaba con fijeza la aparición. Había en mis pensamientos un desorden loco, un tumulto inaplacable. ¿Podía ser de veras la Rowena *viva* quien estaba frente a mí? ¿Podía ser de veras Rowena *en absoluto*, la de los cabellos rubios y los ojos azules, lady Rowena Trevanion de Tremaine? ¿Por qué, sí, *por qué* lo dudaba yo? El vendaje apretaba mucho la boca; pero ¿entonces podía no ser aquella la boca respirante de lady de Tremaine? Y las mejillas eran las mejillas rosadas como en el mediodía de su vida; sí, aquellas eran de veras las lindas mejillas de lady de Tremaine, viva. Y el mentón, con sus hoyuelos de salud, ¿podían no ser los suyos? Pero *¿había ella* crecido desde su enfermedad? ¿Qué inexpresable demencia se apoderó de mí ante este pensamiento? ¡De un salto estuve a sus pies! Evitando mi contacto, sacudió ella su cabeza, aflojó la tiesa mortaja en que estaba envuelta, y entonces se desbordó por el aire agitado de la estancia una masa enorme de largos y despeinados cabellos; *¡eran más negros que las alas del cuervo de medianoche!* Y entonces, la figura que se alzaba ante mí abrió lentamente los ojos.

–¡Por fin los veo! –grité con fuerza–. ¿Cómo podía yo nunca haberme equivocado? ¡Estos son los grandes, los negros, los ardientes ojos, de mi amor perdido, de lady, de *lady Ligeia*!

[Trad. de Julio Gómez de la Serna]

El hundimiento de la Casa de Usher

Probablemente, «El hundimiento de la Casa de Usher» sea el relato fantástico más popular de los primeros años de Edgar Allan Poe como escritor. Publicado por vez primera en el Burton's Gentleman's Magazine *en septiembre de 1839, el mérito del texto obtuvo un reconocimiento inmediato y su influencia en autores posteriores del género lo sitúa sin lugar a dudas entre las obras maestras de su autor.*

Los paralelismos que el cuento parece mantener respecto a la vida de su autor han reforzado aún más si cabe la celebridad de la narración. Sin embargo, las correlaciones autobiográficas, aunque las hay y resultan relevantes, son asimismo escasas. Poe se habría basado en los hermanos James Campbell y Agnes Pye Usher para esbozar los trazos que definirían a los protagonistas de su obra. Hijos de los amigos más íntimos de la madre del escritor, Elizabeth Arnold Poe, padecieron neurosis durante toda la vida tras la muerte de sus padres. Hasta qué punto estos hechos reales sirvieron de inspiración para los ficcionales resulta incierto. No obstante, difícilmente la homonimia entre los hermanos enfermos y los gemelos del relato podría tildarse de casual.

Se ha escrito mucho sobre las posibles fuentes literarias utilizadas para la confección de este relato, pero ningún estudio se ha mostrado concluyente. Narraciones como «Thunder Struck», de Samuel Warren; «Das Majorat», de E. T. A. Hoffmann; o Imogen, a Pastoral Romance, *de William Godwin, son citadas repetida, pero no incuestionablemente.*

En general, los lectores han comprendido punto por punto la idea que Poe quería transmitir con el cuento: que la Casa de Usher tiene una sola alma que comparte con todos los miembros de la familia; que la conexión entre ellos es inquebrantable porque si uno perece, lo harán todos; que las vidas de Roderick y Madeleine y la de la mansión están inexorablemente entrelazadas. Otros, empero, han intentado ver más allá. El novelista D. H. Lawrence, por ejemplo, descubría en el texto referencias al incesto.

Su corazón es un laúd colgado; no bien lo tocan, resuena.

De Bêranger

Durante un día entero de otoño, oscuro, sombrío, silencioso, en que las nubes se cernían pesadas y opresoras en los cielos, había yo cruzado solo, a caballo, a través de una extensión singularmente monótona de campiña, y al final me encontré, cuando las sombras de la noche se extendían, a la vista de la melancólica Casa de Usher. No sé cómo sucedió; pero, a la primera ojeada sobre el edificio, una sensación de insufrible tristeza penetró en mi espíritu. Digo insufrible, pues aquel sentimiento no estaba mitigado por esa emoción semiagradable, por ser poético, con que acoge en general el ánimo hasta la severidad de las naturales imágenes de la desolación o del terror. Contemplaba yo la escena ante mí –la simple casa, el simple paisaje característico de la posesión, los helados muros, las ventanas parecidas a ojos vacíos, algunos juncos alineados y unos cuantos troncos blancos y enfermizos– con una completa depresión de alma que no puede compararse apropiadamente, entre las sensaciones terrestres, más que con ese ensueño posterior del opiómano, con esa amarga vuelta a la vida diaria, a la atroz caída del velo. Era una sensación glacial, un abatimiento, una náusea en el corazón, una irremediable tristeza de pensamiento que ningún estímulo de la imaginación podía impulsar a lo sublime. ¿Qué era aquello –me detuve a pensarlo–, qué era aquello que me desalentaba así al contemplar la Casa de Usher? Era un misterio de todo punto insoluble; no podía luchar contra las sombrías visiones que se amontonaban sobre mí mientras reflexionaba en ello. Me vi forzado a recurrir a la conclusión insatisfactoria de que *existen*, sin lugar a dudas, combinaciones de objetos naturales muy simples que tienen el poder de afectarnos de este modo, aunque el análisis de ese poder se base sobre consideraciones en que perderíamos pie. Era posible, pensé, que una simple diferencia en la disposición de los detalles de la decoración, de los pormenores del cuadro, sea suficiente para modificar, para aniquilar quizá, esa capacidad de impresión dolorosa. Obrando conforme a esa idea, guié mi caballo hacia la orilla escarpada de un negro y lúgubre estanque que se extendía con tranquilo brillo ante la casa, y miré con fijeza hacia abajo –pero con un estremecimiento más aterrador aún que antes– las imágenes recompuestas e invertidas de los juncos grisáceos, de los lívidos troncos y de las ventanas parecidas a ojos vacíos.

Sin embargo, en aquella mansión lóbrega me proponía residir unas semanas. Su propietario, Roderick Usher, fue uno de mis joviales compañeros de infancia; pero habían transcurrido muchos años desde nuestro último encuentro. Una carta, empero, me había llegado recientemente a una alejada parte de la comarca –una carta de él–, cuyo carácter de vehemente apremio no admitía otra respuesta que mi presencia. La letra mostraba una evidente agitación nerviosa. El autor de la carta me hablaba de una dolencia física aguda –de un trastorno mental que le oprimía– y de un ardiente deseo de verme, como a su mejor y en realidad su único amigo, pensando hallar en el gozo de mi compañía algún alivio a su mal. Era la manera como decía todas estas cosas y muchas más, era la forma suplicante de abrirme su pecho, lo que no me permitía vacilación, y, por tanto, obedecí desde luego, lo que consideraba yo, pese a todo, como un requerimiento muy extraño.

Aunque de niños hubiéramos sido camaradas íntimos, bien mirado, sabía yo muy poco de mi amigo. Su reserva fue siempre excesiva y habitual. Sabía, no obstante, que pertenecía a una familia muy antañona que se había distinguido desde tiempo inmemorial por una peculiar sensibilidad de temperamento, desplegada a través de los siglos en muchas obras de un arte elevado, y que se manifestaba desde antiguo en actos repetidos de una generosa aunque recatada caridad, así como por una apasionada devoción a las dificultades, quizá más bien que a las bellezas ortodoxas y sin esfuerzo reconocibles de la ciencia musical. Tuve también noticia del hecho muy notable de que del tronco de la estirpe de los Usher, por gloriosamente antiguo que fuese, no había brotado nunca, en ninguna época, rama duradera; en otras palabras: que la familia entera se había perpetuado siempre en línea directa, salvo muy insignificantes y pasajeras excepciones. Semejante deficiencia, pensé –mientras revisaba en mi imaginación la perfecta concordancia de aquellas aserciones con el carácter proverbial de la raza, y mientras reflexionaba en la posible influencia que una de ellas podía haber ejercido, en una larga serie de siglos, sobre la otra–, era acaso aquella ausencia de rama colateral y de consiguiente transmisión directa, de padre a hijo, del patrimonio del nombre, lo que había, a la larga, identificado tan bien a los dos, uniendo el título originario de la posesión a la arcaica y equívoca denominación de «Casa de Usher», denominación empleada por los lugareños, y que parecía juntar en su espíritu la familia y la casa solariega.

Ya he dicho que el único efecto de mi experiencia un tanto pueril –contemplar abajo el estanque– fue hacer más profunda aquella primera impresión. No puedo dudar que la conciencia de mi acrecida superstición –¿por qué no definirla así?– sirvió para acelerar aquel crecimiento. Tal es, lo sabía desde larga fecha, la paradójica ley de todos los sentimientos basados en el terror. Y aquella fue tal vez la única razón que hizo, cuando mis ojos desde la imagen del estanque se alzaron hacia la casa misma, que brotase en mi mente una extraña visión, una visión tan ridícula, en verdad, que si hago mención de ella es para demostrar la viva fuerza de las sensaciones que me oprimían. Mi imaginación había trabajado tanto, que creía realmente que en torno a la casa y la posesión enteras flotaba una atmósfera peculiar, así como en las cercanías más inmediatas; una atmósfera que no tenía afinidad con el aire del cielo, sino que emanaba de los enfermizos árboles, de los muros grisáceos y del estanque silencioso; un vapor pestilente y místico, opaco, pesado, apenas discernible, de tono plomizo.

Sacudí de mi espíritu lo que *no podía* ser más que un sueño, y examiné más minuciosamente el aspecto real del edificio. Su principal característica parecía ser la de una excesiva antigüedad. La decoloración ocasionada por los siglos era grande. Menudos hongos se esparcían por toda la fachada, tapizándola con la fina trama de un tejido, desde los tejados. Por cierto que todo aquello no implicaba ningún deterioro extraordinario. No se había desprendido ningún trozo de la mampostería, y parecía existir una violenta contradicción entre aquella todavía perfecta adaptación de las partes y el estado especial de las piedras desmenuzadas. Aquello me recordaba mucho la espaciosa integridad de esas viejas maderas labradas que han dejado pudrir durante largos años en alguna olvidada cueva, sin contacto con el soplo del aire exterior. Aparte de este indicio de ruina extensiva, el edificio no presentaba el menor síntoma de inestabilidad. Acaso la mirada de un observador minucioso hubiera descubierto una grieta apenas perceptible que, extendiéndose desde el tejado de la fachada, se abría paso, bajando en zigzag por el muro, e iba a perderse en las tétricas aguas del estanque.

Observando estas cosas, seguí a caballo un corto terraplén hacia la casa. Un lacayo que esperaba cogió mi caballo, y entré por el arco gótico del vestíbulo. Un criado de furtivo andar me condujo desde allí, en silencio, a través de muchos corredores oscuros e intrincados, hacia el estudio de su amo.

Muchas de las cosas que encontré en mi camino contribuyeron, no sé por qué, a exaltar esas vagas sensaciones de que he hablado antes. Los objetos que me rodeaban –las molduras de los techos, los sombríos tapices de las paredes, la negrura de ébano de los pisos y los fantasmagóricos trofeos de armas que tintineaban con mis zancadas– eran cosas muy conocidas para mí, a las que estaba acostumbrado desde mi infancia, y aunque no vacilase en reconocerlas todas como familiares, me sorprendió lo insólito que eran las visiones que aquellas imágenes ordinarias despertaban en mí. En una de las escaleras me encontré al médico de la familia. Su semblante, pensé, mostraba una expresión mezcla de baja astucia y de perplejidad. Me saludó con azoramiento, y pasó. El criado abrió entonces una puerta y me condujo a presencia de su señor.

La habitación en que me hallaba era muy amplia y alta; las ventanas, largas, estrechas y ojivales, estaban a tanta distancia del negro piso de roble, que eran en absoluto inaccesibles desde dentro. Débiles rayos de una luz roja se abrían paso a través de los cristales enrejados, dejando lo bastante en claro los principales objetos de alrededor; la mirada, empero, luchaba en vano por alcanzar los rincones lejanos de la estancia, o los entrantes del techo abovedado y con artesones. Oscuros tapices colgaban de las paredes. El mobiliario general era excesivo, incómodo, antiguo y deslucido. Numerosos libros e instrumentos de música yacían esparcidos en torno, pero no bastaban a dar vitalidad alguna a la escena. Sentía yo que respiraba una atmósfera penosa. Un aire de severa, profunda e irremisible melancolía se cernía y lo penetraba todo.

A mi entrada, Usher se levantó de un sofá sobre el cual estaba tendido por completo, y me saludó con una calurosa viveza que se asemejaba mucho, tal vez fue mi primer pensamiento, a una exagerada cordialidad, al obligado esfuerzo de un hombre de mundo *ennuyé*.[1]Con todo, la ojeada que

1. «Hastiado.» *(N. del T.)*

lancé sobre su cara me convenció de su perfecta sinceridad. Nos sentamos, y durante unos momentos, mientras él callaba, le miré con un sentimiento mitad de piedad y mitad de pavor. ¡De seguro, jamás hombre alguno había cambiado de tan terrible modo y en tan breve tiempo como Roderick Usher! A duras penas podía yo mismo persuadirme a admitir la identidad del que estaba frente a mí con el compañero de mis primeros años. Aun así, el carácter de su fisonomía había sido siempre notable.

Un cutis cadavérico, unos ojos grandes, líquidos y luminosos sobre toda comparación; unos labios algo finos y muy pálidos, pero de una curva incomparablemente bella; una nariz de un delicado tipo hebraico, pero de una anchura desacostumbrada en semejante forma; una barbilla moldeada con finura, en la que la falta de prominencia revelaba una falta de energía; el cabello, que por su tenuidad suave parecía tela de araña; estos rasgos, unidos a un desarrollo frontal excesivo, componían en conjunto una fisonomía que no era fácil olvidar. Y al presente, en la simple exageración del carácter predominante de aquellas facciones, y en la expresión que mostraban, se notaba un cambio tal, que dudaba yo del hombre a quien hablaba. La espectral palidez de la piel y el brillo ahora milagroso de los ojos me sobrecogían sobre toda ponderación, y hasta me aterraban. Además, había él dejado crecer su sedoso cabello sin preocuparse, y como aquel tejido arácneo flotaba más que caía en torno a la cara, no podía yo, ni haciendo un esfuerzo, relacionar a aquella expresión arabesca con idea alguna de simple humanidad.

Me chocó lo primero cierta incoherencia, una contradicción en las maneras de mi amigo, y pronto descubrí que aquello procedía de una serie de pequeños y fútiles esfuerzos por vencer un azoramiento habitual, una excesiva agitación nerviosa.

Estaba yo preparado para algo de ese género, no solo por su carta, sino por los recuerdos de ciertos rasgos de su infancia, y por las conclusiones deducidas de su peculiar conformación física y de su temperamento. Sus actos eran tan pronto vivos como indolentes. Su voz variaba rápidamente de una indecisión trémula (cuando su ardor parecía caer en completa inacción) a esa especie de concisión enérgica, a esa enunciación abrupta, pesada, lenta –una enunciación hueca–, a ese habla gutural, plúmbea, muy bien modulada y equilibrada, que puede observarse en el borracho perdido o en el incorregible comedor de opio, durante los períodos de su más intensa excitación.

Así pues, habló del objeto de mi visita, de su ardiente deseo de verme, y de la alegría que esperaba de mí. Se extendió bastante rato sobre lo que pensaba acerca del carácter de su dolencia. Era, dijo, un mal constitucional, de familia, para el cual desesperaba de encontrar un remedio; una simple afección nerviosa, añadió acto seguido, que, sin duda, desaparecería pronto. Se manifestaba en una multitud de sensaciones extranaturales... Algunas, mientras me las detallaba, me interesaron y confundieron, aunque quizá los términos y gestos de su relato influyeron bastante en ello. Sufría él mucho de una agudeza morbosa de los sentidos; solo toleraba los alimentos más insípidos; podía usar no más que prendas de cierto tejido; los aromas de todas las flores le sofocaban; una luz, incluso débil, atormentaba sus ojos, y exclusivamente algunos sonidos peculiares, los de los instrumentos de cuerda, no le inspiraban horror.

Vi que era el esclavo forzado de una especie de terror anómalo.

–Moriré –dijo–, *debo* morir de esta lamentable locura. Así, así y no de otra manera, debo morir. Temo los acontecimientos futuros, no en sí mismos, sino en sus consecuencias. Tiemblo al pensamiento de cualquier cosa, del más trivial incidente que pueden actuar sobre esta intolerable agitación de mi alma. Siento verdadera aversión al peligro, excepto en su efecto absoluto: el terror. En tal estado de excitación, en tal estado lamentable, presiento que antes o después llegará un momento en que han de abandonarme a la vez la vida y la razón, en alguna lucha con el horrendo fantasma, con el *miedo*.

Supe también a intervalos, por insinuaciones interrumpidas y ambiguas, otra particularidad de su estado mental. Estaba él encadenado por ciertas impresiones supersticiosas, relativas a la mansión donde habitaba, de la que no se había atrevido a salir desde hacía muchos años, relativas a una influencia cuya supuesta fuerza expresaba en términos demasiado sombríos para ser repetidos aquí, una influencia que algunas particularidades en la simple forma y materia de su casa solariega habían, a costa de un largo sufrimiento, decía él, logrado sobre su espíritu un efecto que lo *físico* de los muros y de las torres grises, y del oscuro estanque en que todo se reflejaba, había al final creado sobre lo *moral* de su existencia.

Admitía él, no obstante, aunque con vacilación, que gran parte de la especial tristeza que le afligía podía atribuirse a un origen más natural y mucho más palpable, a la cruel y ya antigua dolencia, a la muerte –sin duda cercana– de una hermana tiernamente amada, su sola compañera durante largos años, su última y única parienta en la tierra.

–Su fallecimiento –dijo él con una amargura que no podré nunca olvidar– me dejará (a mí, el desesperanzado, el débil) como el último de la antigua raza de los Usher.

Mientras hablaba, lady Madeline (así se llamaba) pasó por la parte más distante de la habitación, y sin fijarse en mi presencia, desapareció. La miré con un enorme asombro no desprovisto de terror, y, sin embargo, me pareció imposible darme cuenta de tales sentimientos. Una sensación de estupor me oprimía conforme mis ojos seguían sus pasos que se alejaban. Cuando al fin se cerró una puerta tras ella, mi mirada buscó instintiva y ansiosamente la cara de su hermano, pero él había hundido el rostro en sus manos, y solo pude observar que una palidez mayor que la habitual se había extendido sobre los descarnados dedos, a través de los cuales goteaban abundantes lágrimas apasionadas.

La enfermedad de lady Madeline había desconcertado largo tiempo la ciencia de sus médicos. Una apatía constante, un agotamiento gradual de su persona, y frecuentes, aunque pasajeros ataques de carácter cataléptico parcial, eran el singular diagnóstico. Hasta entonces había ella soportado con firmeza la carga de su enfermedad, sin resignarse, por fin, a guardar cama; pero, al caer la tarde de mi llegada a la casa, sucumbió (como su hermano me dijo por la noche con una inexpresable agitación) al poder postrador del mal, y supe que la mirada que yo le había dirigido sería, probablemente, la última, que no vería ya nunca más a aquella dama, viva al menos.

En varios días consecutivos no fue mencionado su nombre ni por Usher ni por mí, y durante ese período hice esfuerzos ardorosos para aliviar la melancolía de mi amigo. Pintamos y leímos juntos, o si no, escuchaba yo, como un sueño, sus fogosas improvisaciones en su elocuente guitarra. Y así, a medida que una intimidad cada vez más estrecha me admitía con mayor franqueza en las reconditeces de su alma, percibía yo más amargamente la inutilidad de todo esfuerzo para alegrar un espíritu cuya negrura, como una cualidad positiva que le fuese inherente, derramaba sobre todos los objetos del universo moral y físico una irradiación incesante de tristeza.

Conservaré siempre el recuerdo de muchas horas solemnes que pasé solo con el dueño de la Casa de Usher. A pesar de todo, intentaría en balde expresar el carácter exacto de los estudios o de las ocupaciones en que me complicaba o cuyo camino me mostraba. Una idealidad ardiente, elevada, enfermiza, arrojaba su luz sulfúrea a su paso. Sus largas improvisaciones fúnebres resonarán siempre en mis oídos. Entre otras cosas, recuerdo dolorosamente cierta singular perversión, amplificada, del aria impetuosa del último vals de Weber. En cuanto a las pinturas que incubaba su laboriosa fantasía –que llegaba, trazo a trazo, a una vaguedad que me hacía estremecer con mayor conmoción, pues temblaba sin saber por qué–, en cuanto a aquellas pinturas (de imágenes tan vivas, que las tengo aún ante mí), en vano intentaría yo extraer de ellas la más pequeña parte que pudiese estar contenida en el ámbito de las simples palabras escritas. Por la completa sencillez, por la desnudez de sus dibujos, inmovilizaba y sobrecogía la atención. Si alguna vez un mortal pintó una idea, ese mortal fue Roderick Usher. Para mí, al menos, en las circunstancias que me rodeaban, de las puras abstracciones que el hipocondríaco se ingeniaba en lanzar sobre su lienzo, se alzaba un terror intenso, intolerable, cuya sombra no he sentido nunca en la contemplación de los sueños, sin duda, refulgentes, aunque demasiado concretos, de Fuseli.

Una de las concepciones fantasmagóricas de mi amigo, en que el espíritu de abstracción no participaba con tanta rigidez, puede ser esbozada, aunque apenas, con palabras. Era un cuadrito que representaba el interior de una cueva o túnel intensamente largo y rectangular, de muros bajos, lisos, blancos y sin interrupción ni adorno. Ciertos detalles accesorios del dibujo servían para hacer comprender la idea de que aquella excavación estaba a una profundidad excesiva bajo la superficie de la tierra. No se veía ninguna salida a lo largo de su vasta extensión, ni se divisaba antorcha u otra fuente artificial de luz, y, sin embargo, una oleada de rayos intensos rodaba de parte a parte, bañándolo todo en un lívido e inadecuado esplendor.

Acabo de hablar de ese estado morboso del nervio auditivo que hacía toda música intolerable para el paciente, excepto ciertos efectos de los instrumentos de cuerda. Eran, quizá, los límites estrechos en los cuales se había confinado él mismo al tocar la guitarra los que habían dado en gran parte aquel carácter fantástico a sus interpretaciones. Pero en cuanto a la férvida *facilidad* de sus *impromptus*, no podía uno darse cuenta así. Tenían que ser, y lo eran, en las notas lo mismo que en las palabras de sus fogosas fantasías (pues él las acompañaba a menudo con improvisaciones verbales rimadas), el resultado de ese intenso recogimiento, de esa concentración mental a los que he aludido antes, y que se observan solo en los momentos especiales de la más alta excitación artificial. Recuerdo bien las palabras de una de aquellas rapsodias. Me impresionó acaso más fuertemente cuando él me la dio, porque bajo su sentido interior o místico me pareció percibir por primera vez que Usher tenía plena conciencia de su estado, que sentía cómo su sublime razón se tambaleaba sobre su trono. Aquellos versos, titulados *El palacio hechizado*, eran, poco más o menos, si no al pie de la letra, los siguientes:

I

En el más verde de nuestros valles,
habitado por los ángeles buenos,
antaño un bello y majestuoso palacio
–un radiante palacio– alzaba su frente.
En los dominios del rey Pensamiento,
¡allí se elevaba!
Jamás un serafín desplegó el ala
sobre un edificio la mitad de bello.

II

Banderas amarillas, gloriosas, doradas,
sobre su remate flotaban y ondeaban
(esto, todo esto, sucedía hace mucho,
muchísimo tiempo);
y a cada suave brisa que retozaba,
en aquellos gratos días,
a lo largo de los muros pálidos y empenachados
se elevaba un aroma alado.

III

Los que vagaban por ese alegre valle,
a través de dos ventanas iluminadas, veían
espíritus moviéndose musicalmente
a los sones de un laúd bien templado,
en torno a un trono donde, sentado
(¡Porfirogénito!)
con un fausto digno de su gloria,
aparecía el señor del reino.

IV

Y refulgente de perlas y rubíes
era la puerta del bello palacio,
por la que salía a oleadas, a oleadas, a oleadas,
y centelleaba sin cesar,
una turba de Ecos cuya grata misión
era solo cantar,
con voces de magnífica belleza,
el talento y el saber de su rey.

V

Pero seres malvados, con ropajes de luto,
asaltaron la elevada posición del monarca;
(¡ah, lloremos, pues nunca el alba
despuntará sobre él, el desolado!).
Y en torno a su mansión, la gloria
que rojeaba y florecía
es solo una historia oscuramente recordada
de las viejas edades sepultadas.

VI

Y ahora los viajeros, en ese valle,
a través de las ventanas rojizas, ven
amplias formas moviéndose fantásticamente
en una desacorde melodía;
mientras, cual un rápido y horrible río,
a través de la pálida puerta
una horrenda turba se precipita eternamente,
riendo, mas sin sonreír nunca más.

Recuerdo muy bien que las sugestiones suscitadas por esta balada nos sumieron en una serie de pensamientos en la que se manifestó una opinión de Usher que menciono aquí, no tanto en razón de su novedad (pues otros hombres han pensado lo mismo),[2] sino a causa de la tenacidad con que él la mantuvo. Esta opinión, en su forma general, era la de la sensibilidad de todos los seres vegetales. Pero en su trastornada imaginación la idea había asumido un carácter más atrevido aún, e invadía, bajo ciertas condiciones, el reino inorgánico. Me faltan palabras para expresar toda la extensión o el serio *abandono* de su convencimiento. Esta creencia, empero, se relacionaba (como ya antes he sugerido) con las piedras grises de la mansión de sus antepasados. Aquí las condiciones de la sensibilidad estaban cumplidas, según él imaginaba, por el método de colocación de aquellas piedras, por su disposición, así como por los numerosos hongos que las cubrían y los árboles enfermizos que se alzaban alrededor, pero sobre todo por la inmutabilidad de aquella disposición y por su desdoblamiento en las quietas aguas del estanque. La prueba –la prueba de aquella sensibilidad– estaba, decía él (y yo le oía hablar, sobresaltado), en la gradual, pero evidente condensación, por encima de las aguas y alrededor de

2. Watson, Percival, Spallanzani, y en particular el obispo de Landaff. Véase *Chemical Essays*, vol. V.

los muros, de una atmósfera que les era propia. El resultado se descubría, añadía él, en aquella influencia muda, aunque importuna y terrible, que desde hacía siglos había moldeado los destinos de su familia, y que le hacía *a él* tal como le veía yo ahora, tal como era. Semejantes opiniones no necesitan comentarios, y no lo haré.

Nuestros libros –los libros que desde hacía años formaban una parte no pequeña de la existencia espiritual del enfermo– estaban, como puede suponerse, de estricto acuerdo con aquel carácter fantasmal. Estudiábamos minuciosamente obras como el *Vertvert et Chartreuse*, de Gresset; el *Belphegor*, de Maquiavelo; *El cielo y el infierno*, de Swedenborg; el *Viaje subterráneo*, de Nicolas Klimm de Holberg; la *Quiromancia*, de Roberto Flaud, de Jean d'Indaginé y de De la Chambre; el *Viaje por el espacio azul*, de Tieck, y la *Ciudad del Sol*, de Campanella. Uno de sus volúmenes favoritos era una pequeña edición en octavo del *Directorium Inquisitorium*, por el dominico Eymeric de Gironne; y había pasajes, en Pomponius Mela, acerca de los antiguos sátiros africanos o egipanes, sobre los cuales Usher soñaba durante horas enteras. Su principal delicia, con todo, la encontraba en la lectura atenta de un raro y curioso libro gótico en cuarto –el manual de una iglesia olvidada–, las *Vigiliae Mortuorum Secundum Chorum Ecclesiae Maguntinae*.

Pensaba a mi pesar en el extraño ritual de aquel libro, y en su probable influencia sobre el hipocondríaco, cuando, una noche, habiéndome informado bruscamente de que lady Madeline ya no existía, anunció su intención de conservar el cuerpo durante una quincena (antes de su enterramiento final) en una de las numerosas criptas situadas bajo los gruesos muros del edificio. La razón profana que daba sobre aquella singular manera de proceder era de esas que no me sentía yo con libertad para discutir. Como hermano, había adoptado aquella resolución (me dijo él) en consideración al carácter insólito de la enfermedad de la difunta, a cierta curiosidad importuna e indiscreta por parte de los hombres de ciencia, y a la alejada y expuesta situación del panteón familiar. Confieso que, cuando recordé el siniestro semblante del hombre con quien me había encontrado en la escalera el día de mi llegada a la casa, no sentí deseo de oponerme a lo que consideraba todo lo más como una precaución inocente, pero muy natural.

A ruego de Usher, le ayudé personalmente en los preparativos de aquel entierro temporal. Pusimos el cuerpo en el féretro, y entre los dos lo transportamos a su lugar de reposo. La cripta en la que lo dejamos (y que estaba cerrada hacía tanto tiempo, que nuestras antorchas, semiapagadas en aquella atmósfera sofocante, no nos permitían ninguna investigación) era pequeña, húmeda y no dejaba penetrar la luz; estaba situada a una gran profundidad, justo debajo de aquella parte de la casa donde se encontraba mi dormitorio. Había sido utilizada, al parecer, en los lejanos tiempos feudales, como mazmorra, y en días posteriores, como depósito de pólvora o de alguna otra materia inflamable, pues una parte del suelo y todo el interior de una larga bóveda que cruzamos para llegar hasta allí estaban cuidadosamente revestidos de cobre. La puerta, de hierro macizo, estaba también protegida de igual modo. Cuando aquel inmenso peso giraba sobre sus goznes producía un ruido singular, agudo y chirriante.

Depositamos nuestro lúgubre fardo sobre unos soportes en aquella región de horror, apartamos un poco la tapa del féretro, que no estaba aún atornillada, y miramos la cara del cadáver. Un parecido chocante entre el hermano y la hermana atrajo enseguida mi atención, y Usher, adivinando tal vez mis pensamientos, murmuró unas palabras, por las cuales supe que la difunta y él eran gemelos, y que habían existido siempre entre ellos unas simpatías de naturaleza casi inexplicable. Nuestras miradas, entretanto, no permanecieron fijas mucho tiempo sobre la muerta, pues no podíamos contemplarla sin espanto. El mal que había llevado a la tumba a lady Madeline en la plenitud de su juventud había dejado, como suele suceder en las enfermedades de carácter estrictamente cataléptico, la burla de una débil coloración sobre el seno y el rostro, y en los labios, esa sonrisa equívoca y morosa que es tan terrible en la muerte. Volvimos a colocar y atornillamos la tapa, y después de haber asegurado la puerta de hierro, emprendimos de nuevo nuestro camino hacia las habitaciones superiores de la casa, que no eran menos tristes.

Y entonces, después de un lapso de varios días de amarga pena, tuvo lugar un cambio visible en los síntomas de la enfermedad mental de mi amigo. Sus maneras corrientes desaparecieron. Sus ocupaciones ordinarias eran descuidadas u olvidadas. Vagaba de estancia en estancia con un paso precipitado, desigual y sin objeto. La palidez de su fisonomía había adquirido, si es posible, un color más lívido; pero la luminosidad de sus ojos había desaparecido por completo. No oía ya aquel tono de voz áspero que tenía antes en ocasiones, y un temblor que se hubiera dicho causado por un terror sumo caracterizaba de ordinario su habla. Me ocurría a veces, en realidad, pensar que su mente, agitada sin tregua, estaba torturada por algún secreto opresor, cuya divulgación no tenía el valor para efectuar. Otras veces me veía yo obligado a pensar, en suma, que se trataba de rarezas inexplicables de la demencia, pues le veía mirando al vacío durante largas horas en una actitud de profunda atención, como si escuchase un ruido imaginario. No es de extrañar que su estado me aterrase, que incluso sufriese yo su contagio. Sentía deslizarse dentro de mí, en una gradación lenta, pero segura, la violenta influencia de sus fantásticas, aunque impresionantes supersticiones.

Fue en especial una noche, la séptima o la octava desde que depositamos a lady Madeline en la mazmorra, antes de retirarnos a nuestros lechos, cuando experimenté toda la potencia de tales sensaciones. El sueño no quería acercarse a mi lecho, mientras pasaban y pasaban las horas. Intenté buscar un motivo al nerviosismo que me dominaba. Me esforcé por persuadirme de que lo que sentía era debido, en parte al menos, a la influencia trastornadora del mobiliario opresor de la habitación, a los sombríos tapices desgarrados que, atormentados por las ráfagas de una tormenta que se iniciaba, vacilaban de un lado a otro sobre los muros y crujían penosamente en torno a los adornos del lecho. Pero mis esfuerzos fueron inútiles. Un irreprimible temblor invadió poco a poco mi ánimo, y a la larga una verdadera pesadilla vino a apoderarse por completo de mi corazón. Respiré con violencia, hice un esfuerzo, logré sacudirla, e incorporándome sobre las almohadas, y clavando una ardiente mirada en la densa oscuridad de la habitación, presté oído –no sabría decir por qué me impulsó una fuerza instintiva– a ciertos ruidos vagos, apagados e indefinidos que llegaban hasta mí a través de las pausas de la tormenta. Dominado por una intensa sensación de horror, inexplicable e insufrible, me vestí deprisa (pues sentía que no iba a serme posible dormir en toda la noche) y procuré, andando a grandes pasos por la habitación, salir del estado lamentable en que estaba sumido.

Apenas había dado así unas vueltas, cuando un paso ligero por una escalera cercana atrajo mi atención. Reconocí muy pronto que era el paso de Usher. Un instante después llamó suavemente en mi puerta, y entró, llevando una lámpara. Su cara era, como de costumbre, de una palidez cadavérica; pero había, además, en sus ojos una especie de loca hilaridad, y en todo su porte, una histeria evidentemente contenida. Su aspecto me aterró; pero todo era preferible a la soledad que había yo soportado tanto tiempo, y acogí su presencia como un alivio.

–¿Y usted no ha visto esto? –dijo él bruscamente, después de permanecer algunos momentos en silencio, mirándome–. ¿No ha visto usted esto? ¡Pues espere! Lo verá.

Mientras hablaba así, y habiendo resguardado cuidadosamente su lámpara, se precipitó hacia una de las ventanas y la abrió de par en par a la tormenta.

La impetuosa furia de la ráfaga nos levantó casi del suelo. Era, en verdad, una noche tempestuosa; pero espantosamente bella, de una rareza singular en su terror y en su belleza. Un remolino había concentrado su fuerza en nuestra proximidad, pues había cambios frecuentes y violentos en la dirección del viento, y la excesiva densidad de las nubes (tan bajas, que pesaban sobre las torrecillas de la casa) no nos impedía apreciar la viva velocidad con la cual acudían unas contra otras desde todos los puntos, en vez de perderse a distancia. Digo que su excesiva densidad no nos impedía percibir aquello, y aun así, no divisábamos ni la luna ni las estrellas, ni relámpago alguno proyectaba su resplandor. Pero las superficies inferiores de aquellas vastas masas de agitado vapor, lo mismo que todos los objetos terrestres muy cerca alrededor nuestro, reflejaban la claridad sobrenatural de una emanación gaseosa que se cernía sobre la casa y la envolvía en una mortaja luminosa y bien visible.

–¡No debe usted, no contemplará usted esto! –dije, temblando, a Usher, y le llevé con suave violencia desde la ventana a una silla–. Esas apariciones que le trastornan son simples fenómenos eléctricos, nada raros, o puede que tengan su horrible origen en los fétidos miasmas del estanque. Cerremos esta ventana; el aire es helado y peligroso para su organismo. Aquí tiene usted una de sus novelas favoritas. Leeré, y usted escuchará: y así pasaremos esta terrible noche, juntos.

El antiguo volumen que había yo cogido era el *Mad Trist*, de sir Launcelot Canning; pero lo había llamado el libro favorito de Usher por triste chanza, pues, en verdad, con su tosca y pobre prolijidad, poco atractivo podía ofrecer para la elevada y espiritual idealidad de mi amigo. Era, sin embargo, el único libro que tenía inmediatamente a mano, y me entregué a la vaga esperanza de que la excitación que agitaba al hipocondríaco podría hallar alivio (pues la historia de los trastornos mentales está llena de anomalías semejantes) hasta en la exageración de las locuras que iba yo a leerle. A juzgar por el gesto de predominante y ardiente interés con que escuchaba o aparentaba escuchar las frases de la narración, hubiese podido congratularme del éxito de mi propósito.

Había llegado a esa parte tan conocida de la historia en que Ethelred, el héroe del *Trist*, habiendo intentado en vano penetrar pacíficamente en la morada del ermitaño, se decide a entrar por la fuerza. Aquí, como se recordará, dice lo siguiente la narración:

> Y Ethelred, que era por naturaleza de valeroso corazón, y que ahora se sentía, además, muy fuerte, gracias a la potencia del vino que había bebido, no esperó más tiempo para hablar con el ermitaño, quien tenía de veras el ánimo propenso a la obstinación y a la malicia: pero, sintiendo la lluvia sobre sus hombros y temiendo el desencadenamiento de la tempestad, levantó su maza, y con unos golpes abrió pronto un camino, a través de las tablas de la puerta, a su mano enguantada de hierro; y entonces, tirando con ella vigorosamente hacia sí, hizo crujir, hundirse y saltar todo en pedazos, de tal modo que el ruido de la madera seca y sonando a hueco repercutió de una parte a otra de la selva.

Al final de esta frase me estremecí e hice una pausa, pues me había parecido (aunque pensé enseguida que mi excitada imaginación me engañaba) que de una parte muy alejada de la mansión llegaba confuso a mis oídos un ruido que se hubiera dicho, a causa de su exacta semejanza de tono, el eco (pero sofocado y sordo, ciertamente) de aquel ruido real de crujido y de arrancamiento descrito con tanto detalle por sir Launcelot. Era, sin duda, la única coincidencia lo que había atraído tan solo mi atención, pues entre el golpeteo de las hojas de las ventanas y los ruidos mezclados de la tempestad creciente, el sonido en sí mismo no tenía, de seguro, nada que pudiera intrigarme o turbarme.

Continué la narración:

> Pero el buen campeón Ethelred, franqueando entonces la puerta, se sintió dolorosamente furioso y asombrado al no percibir rastro alguno del malicioso ermitaño, sino, en su lugar, un dragón de una apariencia fenomenal y es-

> camosa, con una lengua de fuego, y que estaba de centinela ante un palacio de oro, con el suelo de plata, y sobre el muro aparecía colgado un escudo brillante de bronce, con esta leyenda encima:
>
> *El que entre aquí, vencedor será;*
> *el que mate al dragón, el escudo ganará.*
>
> Y Ethelred levantó su maza y golpeó sobre la cabeza del dragón, que cayó ante él y exhaló su aliento pestilente con un ruido tan horrendo, áspero y penetrante a la vez, que Ethelred tuvo que taparse los oídos con las manos para resistir del terrible estruendo como no lo había él oído nunca antes.

Aquí hice de súbito una nueva pausa, y ahora con una sensación de violento asombro, pues no cabía duda de que había yo oído esta vez (me era imposible decir de qué dirección venía) un ruido débil y como lejano, pero áspero, prolongado, singularmente agudo y chirriante, la contrapartida exacta del grito sobrenatural del dragón descrito por el novelista y tal cual mi imaginación se lo había ya figurado.

Oprimido como lo estaba, sin duda, por aquella segunda y muy extraordinaria coincidencia, por mil sensaciones contradictorias, entre las cuales predominaban un asombro y un terror extremos, conservé, empero, la suficiente presencia de ánimo para tener cuidado de no excitar con una observación cualquiera la sensibilidad nerviosa de mi compañero. No estaba seguro en absoluto de que él hubiera notado los ruidos en cuestión, siquiera, a no dudar, una extraña alteración se había manifestado, desde hacía unos minutos, en su actitud. De su posición primera enfrente de mí había él hecho girar gradualmente su silla de modo a encontrarse sentado con la cara vuelta hacia la puerta de la habitación; así, solo podía yo ver parte de sus rasgos, aunque noté que sus labios temblaban como si dejasen escapar un murmullo inaudible. Su cabeza estaba caída sobre su pecho, y, no obstante, yo sabía que no estaba dormido, pues el ojo que entreveía de perfil permanecía abierto y fijo. Además, el movimiento de su cuerpo contradecía también aquella idea, pues se balanceaba con suave, pero constante y uniforme oscilación. Noté, desde luego, todo eso, y reanudé el relato de sir Launcelot, que continuaba así:

> Y ahora el campeón, habiendo escapado de la terrible furia del dragón, y recordando el escudo de bronce, y que el encantamiento que sobre él pesaba estaba roto, apartó la masa muerta de delante de su camino y avanzó valientemente por el suelo de plata del castillo hacia el sitio del muro de donde colgaba el escudo; el cual, en verdad, no esperó a que estuviese él muy cerca, sino que cayó a sus pies sobre el pavimento de plata, con un pesado y terrible ruido.

Apenas habían pasado entre mis labios estas últimas sílabas, y como si en realidad hubiera caído en aquel momento un escudo de bronce pesadamente sobre un suelo de plata, oí el eco claro, profundo, metálico, resonante, si bien sordo en apariencia. Excitado a más no poder, salté sobre mis pies, en tanto que Usher no había interrumpido su balanceo acompasado. Sus ojos estaban fijos ante sí, y toda su fisonomía, contraída por una pétrea rigidez. Pero cuando puse la mano sobre su hombro, un fuerte estremecimiento recorrió todo su ser, una débil sonrisa tembló sobre sus labios, y vi que hablaba con un murmullo apagado, rápido y balbuciente, como si no se diera cuenta de mi presencia. Inclinándome sobre él, absorbí al fin el horrendo significado de sus palabras.

–¿No oye usted? Sí, yo oigo, y he oído. Durante mucho, mucho tiempo, muchos minutos, muchas horas, muchos días, he oído; pero no me atrevía. ¡Oh, piedad para mí, mísero desdichado que soy! ¡No me *atrevía*, no me atrevía a hablar! *¡La hemos metido viva en la tumba!* ¿No le he dicho que mis sentidos están agudizados? Le digo *ahora* que he oído sus primeros débiles movimientos dentro del ataúd. Los he oído hace muchos, muchos días, y, sin embargo, *¡no me atrevía a* *hablar!* Y ahora, esta noche, Ethelred, ¡ja, ja! ¡La puerta del ermitaño rota, el grito de muerte del dragón y el estruendo del escudo, diga usted mejor el arrancamiento de su féretro, y el chirrido de los goznes de hierro de su prisión, y su lucha dentro de la bóveda de cobre! ¡Oh! ¿Adónde huir? ¿No estará ella aquí enseguida? ¿No va a aparecer para reprocharme mi precipitación? ¿No he oído su paso en la escalera? ¿No percibo el pesado y horrible latir de su corazón? ¡Insensato! –Y en ese momento se alzó furiosamente de puntillas y aulló sus sílabas como si en aquel esfuerzo exhalase su alma–: *Insensato. ¡Le digo a usted que ella está ahora detrás de la puerta!*

En el mismo instante, como si la energía sobrehumana de sus palabras hubiese adquirido la potencia de un hechizo, las grandes y antiguas hojas que él señalaba entreabrieron pausadamente sus pesadas mandíbulas de ébano. Era aquello obra de una furiosa ráfaga, pero en el marco de aquella puerta estaba entonces la alta y amortajada figura de lady Madeline de Usher. Había sangre sobre su blanco ropaje, y toda su demacrada persona mostraba las señales evidentes de una enconada lucha. Durante un momento permaneció trémula y vacilante sobre el umbral; luego, con un grito apagado y quejumbroso, cayó a plomo hacia delante sobre su hermano, y en su violenta y ahora definitiva agonía le arrastró al suelo, ya cadáver y víctima de sus terrores anticipados.

Huí de aquella habitación y de aquella mansión, horrorizado. La tempestad se desencadenaba aún en toda su furia cuando franqueé la vieja calzada. De pronto una luz intensa se proyectó sobre el camino y me volví para ver de dónde podía brotar claridad tan singular, pues solo tenía a mi espalda la vasta mansión y sus sombras. La irradiación provenía de la luna llena, que se ponía entre un rojo de sangre, y que ahora brillaba con viveza a través de aquella grieta antes apenas visible, y que, como ya he dicho al principio, se extendía zigzagueando, desde el tejado del edificio hasta la base. Mientras la examinaba, aquella grieta se ensanchó con rapidez; hubo de nuevo una impetuosa ráfaga, un remolino; el disco entero del satélite estalló de repente ante mi vista; mi cerebro se alteró cuando vi los pesados muros desplomarse, partidos en dos; resonó un largo y tumultuoso estruendo, como la voz de mil cataratas, y el estanque profundo y fétido, situado a mis pies, se cerró tétrica y silenciosamente sobre los restos de la *Casa de Usher*.

[Trad. de Julio Gómez de la Serna]

El retrato ovalado

En su versión final, «El retrato ovalado» es uno de los relatos arabescos más conocidos. Poe lo acortó bastante con respecto a la primera versión titulada «Life in Death», publicada en el Graham's Magazine *en abril de 1842.*

La idea central gira en torno a la antigua creencia de que un espíritu podía establecerse en un facsímil: una idea que sostuvieron desde los antiguos egipcios, que levantaban estatuas para venerar la fuerza vital divina en el hombre, el ka, *hasta los pueblos primitivos de la modernidad, para quienes la fotografía resulta una práctica del maligno. «El retrato ovalado» es la última historia del autor que trata sobre la relación entre una persona y su doble o imagen.*

Poe se inspiró en una pintura de su amigo Robert M. Sully, tal como apunta su nieta, la señorita Julia Sully de Richmond. La pintura era un retrato ovalado de una niña con un medallón colgado de una cinta alrededor del cuello. No obstante, es probable que también conociera una historia acerca de Tintoretto, quien se dice que pintó un retrato de su hija, Maria Robusti, en su lecho de muerte.

Es probable que el relato también contenga algún elemento autobiográfico. En este sentido cabe mencionar que Virginia Poe no se interesaba demasiado por la poesía de su marido, al igual que la heroína de esta historia, que está celosa de la pintura de su cónyuge. Por otro lado, a Virginia se le rompió un vaso sanguíneo mientras cantaba en enero de 1842, y su enfermedad perturbó enormemente a Poe. Se cree que escribió «Life in Death» poco antes de su publicación, en torno al 15 de marzo.

La posterior revisión indica que quizá, como ocurrió con «Eleonora», consideraba que se había precipitado en el proceso de escritura. En este caso no solo podó el texto, sino que, además, prescindió de uno de los dos temas principales y se centró en el otro, intensificando su efecto.

El castillo en el cual mi criado había decidido penetrar, aun cuando fuese por la fuerza, antes que permitirme, hallándome gravemente herido, pasar una noche al raso, era uno de esos grandes edificios, mezcla de melancolía y grandeza, que durante tanto tiempo han erguido su ceñuda frente por entre los Apeninos, no tanto en la realidad como en la fantasía de mister Radcliffe.

Según todas las apariencias, había sido temporalmente abandonado, y en fecha muy reciente, por su dueño. Nos instalamos en una de las habitaciones más reducidas y menos suntuosamente arregladas. Estaba situada en una apartada torre del castillo. Su decorado era rico, pero ajado y viejo. De sus paredes colgaban tapices y se adornaban con diversos y multiformes trofeos heráldicos, así como con una insólita cantidad de pinturas modernas de gran viveza encuadradas en ricos marcos con arabescos de oro. Tal vez a causa de mi debilidad febril, incipiente en ese instante, sentí un vivo interés por estos cuadros que estaban colgados no solo de las superficies principales de las paredes, sino también de los numerosos rincones que la extraña arquitectura del castillo hacía necesarios.

Le ordené a Pedro que cerrase los pesados postigos de la habitación, puesto que ya era de noche, que encendiese los brazos de un gran candelabro que se hallaba colocado junto a la cabecera de mi cama, y que descorriese, de par en par, las cortinas de terciopelo negro que también rodeaban mi lecho.

Deseaba que se hiciera todo aquello para que, al menos, si no llegaba a conciliar el sueño, pudiese distraerme alternativamente en la contemplación de aquellos cuadros y entregarme a la atenta lectura de un pequeño volumen que habíamos hallado sobre la almohada y que contenía la crítica y descripción de cada uno.

Durante largo rato, muy largo rato, estuve leyendo, y devota, muy devotamente, contemplé los cuadros. Las horas transcurrieron rápida y maravillosamente. Y llegó la profunda medianoche. Me desagradaba la posición del candelabro, y extendiendo la mano dificultosamente, con objeto de no despertar a mi criado adormecido, lo coloqué de modo que sus rayos incidiesen plenamente sobre el libro.

Pero este cambio produjo un efecto completamente inesperado. Los resplandores de las numerosas bujías (porque había muchas) se proyectaron entonces en un nicho de la habitación que hasta ese momento había sido dejado en sombras por una de las columnas de la cama. Distinguí, vivamente iluminado, un cuadro que hasta ese momento me había pasado inadvertido. Era el retrato de una niña que apenas si empezaba a ser mujer. Dirigí una rápida ojeada a aquella pintura, y cerré los ojos. ¿Por qué? En un principio no pude comprenderlo; pero mientras mis ojos continuaban cerrados analicé en mi espíritu la razón que tenía para haberlo hecho. Fue un movimiento involuntario, para ganar tiempo y pensar, para asegurarme de que mis ojos no me habían engañado, para calmar y dominar mi fantasía y entregarme luego a una contemplación más serena y auténtica. Pocos momentos después, volví a mirar de nuevo fijamente a la pintura.

Ni podía ni quería dudar de lo que vi entonces claramente, porque el primer resplandor de las bujías sobre el lienzo había disipado el soñoliento estupor de mis sentidos y me había devuelto de pronto a la vida despierta.

Ya he dicho que el retrato era el de una joven. Se reducía a la cabeza y los hombros, pintados según esa técnica que suele llamarse estilo de *vignette*, al modo de las cabezas predilectas de Sully. El seno, los brazos e incluso los bucles de sus radiantes cabellos se fundían imperceptiblemente en la vaga, pero profunda sombra que servía de fondo al conjunto. El marco era ovalado, magníficamente dorado, y afiligranado con arabescos.

Como obra de arte, no podía encontrarse nada más admirable que la pintura misma. Pero ni la factura de la obra, ni la inmortal belleza de aquel semblante, podían haber sido lo que tan repentinamente y con tal vehemencia me había impresionado entonces, y menos aún que mi fantasía, conmovida en su duermevela, hubiese confundido aquella cabeza con la de un ser vivo. Me di cuenta en el acto de que los pormenores del dibujo, el estilo de *vignette* y el aspecto del marco hubiesen disipado inmediatamente semejante idea y me hubieran evitado toda otra distracción, aun cuando fuera momentánea. Reflexionando seriamente con respecto a aquello, tal vez durante una hora, permanecí medio tendido, medio sentado, con la mirada fija en aquel retrato. Por último, satisfecho de haber acertado con el secreto real del efecto que producía sobre mí, me acosté completamente de espaldas sobre el lecho.

Había adivinado que el encanto de aquella pintura consistía en una absoluta *semejanza con la vida* en su expresión, que primero me había estremecido y, finalmente, me desconcertó, subyugándome y anonadándome. Con profundo y respetuoso temor, dejé de nuevo el candelabro en su posición primitiva. Una vez se hubo apartado de mi vista el motivo de mi intensa agitación, busqué afanosamente el volumen que contenía el análisis de las pinturas y su historia. Volví las hojas hasta que encontré el número que correspondía al retrato ovalado, y leí el impreciso y singular relato que sigue:

> Era una joven de particular belleza y no menos amable que llena de jovialidad. Pero malhadada fue la hora en que vio, amó, casó y vivió con el pintor. Él, apasionado, estu-

dioso, austero y teniendo ya una esposa en su arte; ella, joven de rara belleza y no menos amable que llena de jovialidad, solo luz y sonrisa, y juguetona como un cervatillo, amante y cariñosa para todas las cosas de este mundo. Odiaba solamente el arte, que era su rival; temía solo a la paleta, a los pinceles y a otros desagradables utensilios que la privaban de la presencia de su adorado. Fue, pues, algo terrible para ella oír al pintor hablar de su deseo de retratar también a su joven esposa. Pero esta era humilde y obediente. Y, dócilmente, posó, sentada, durante largas semanas, en la sombría y alta habitación de la torre, donde se filtraba la luz sobre el lienzo solo desde arriba. Pero él, el pintor, ponía toda su afición en la obra, que adelantaba de hora en hora y de día en día. Y era él un hombre apasionado, vehemente y caprichoso, que se perdía siempre en fantasías. Tanto, que no *quería* ver cómo aquella luz, que se vertía tan tristemente en aquella torre solitaria, marchitaba visiblemente, a los ojos de todo el mundo y excepcionalmente a los suyos, la salud y el alma de su mujer. Y, sin embargo, ella no cesaba de sonreírle, sin lamentarse nunca, porque veía que el pintor, que tenía un gran prestigio, experimentaba un ferviente y abrasador goce en su tarea, y se afanaba día y noche en pintar a la que tanto lo amaba, pero que a diario se desalentaba más y enflaquecía. Y, en verdad, quienes contemplaban el retrato hablaban en voz queda de su semejanza, como de una prodigiosa maravilla y como una prueba no solo del talento del pintor, sino de su profundo amor por aquella a quien pintaba de forma tan excelsa. Pero hacia el fin, cuando se acercaba más la obra a su término, no se dejó a nadie visitar la torre, porque el pintor había enloquecido en el ardor de su tarea, y rara vez apartaba sus ojos del lienzo, ni tan siquiera para mirar el rostro de su mujer. Y no quería ver que los colores que dejaba en el lienzo los arrancaba de las mejillas de la que se hallaba sentada frente a él. Y cuando hubieron transcurrido muchas semanas, y muy poco quedaba por hacer, excepto un toque sobre los labios y una pincelada sobre los ojos, vaciló el espíritu de la mujer, como la llama que va a extinguirse en una lámpara. Y el toque fue dado, y fue dada también la pincelada. Y por un instante se quedó extático el pintor ante la obra que acababa de realizar. Mas un momento después, cuando todavía lo contemplaba, se estremeció de horror, palideció y se quedó despavorido, y gritó en voz alta: «¡En verdad que es *la vida misma*!». Y volvió bruscamente los ojos hacia su amada: *¡Estaba muerta!*

[Trad. de Fernando Gutiérrez y Diego Navarro]

El pozo y el péndulo

En un supuesto listado de las obras más populares de Poe, la presente ocuparía sin sombra de duda uno de los primeros puestos. Algunos admiradores del autor no verán en ella uno de sus mejores trabajos, otros lectores encontrarán excesiva su violencia, pero lo cierto es que «El pozo y el péndulo» ha fascinado, fascinó y fascina aún en la actualidad.

En «Cómo escribir un artículo al estilo del Blackwood*» había analizado sarcásticamente las características propias de los textos aparecidos en el* Edinburgh Magazine*, y había hecho una salvaje parodia en «El rey Peste». En esta narración, empero, el autor parece haberse decidido a escribir una historia propia del* Blackwood*, eso sí, superando con creces al original. El método de Poe consistió, pues, en combinar, modificándolos para su propósito, los aspectos representativos del estilo del* Blackwood*, esto es, relatos sensacionales de terribles experiencias narrados en primera persona. Utilizó así algunos de los relatos con más circulación del momento, esperando, probablemente, que la gente identificase las referencias en su propio cuento. Sin embargo, y como es bien sabido, con el tiempo aquellas narraciones han quedado a la sombra, oscura e inconmensurable, del escrito de Poe, redactado antes del verano de 1842.*

El argumento principal de «El pozo y el péndulo» habría tenido su fuente de inspiración en el ensayo Philosophy of Religion *(1825) de Thomas Dick, en un fragmento del cual se refiere a varias prácticas de tortura por parte de la Inquisición durante la guerra de la Independencia española. Poe conocía el trabajo de Dick y ya se había servido de él.*

Impia tortorum longas hic turba furores
sanguinis innocui, non satiata, aluit,
sospite nunc patria, fracto nunc funeris antro,
mors ubi dira fuit vita salusque patent.[1]

Cuarteto compuesto para las
puertas de un mercado que debió
de erigirse en el solar del
Club de los Jacobinos, en París

Estaba agotado, agotado hasta no poder más, por aquella larga agonía. Cuando, por último, me desataron y pude sentarme, noté que perdía el conocimiento. La sentencia, la espantosa sentencia de muerte, fue la última frase claramente acentuada que llegó a mis oídos. Luego, el sonido de las voces de los inquisidores me pareció que se apagaba en el indefinido zumbido de un sueño. El ruido aquel provocaba en mi espíritu una idea de *rotación*, quizá a causa de que lo asociaba en mis pensamientos con una rueda de molino. Pero aquello duró poco tiempo, porque, de pronto, no oí nada más. No obstante, durante algún rato pude ver, pero ¡con qué terrible exageración! Veía los labios de los jueces vestidos de negro: eran

1. «Una insaciable banda de torturadores largo tiempo han saciado su sed con sangre inocente. Salvada ahora nuestra patria, destruida la mazmorra de muerte; donde había muerte segura, vida y tranquilidad son patentes.» *(N. de los T.)*

blancos, más blancos que la hoja de papel sobre la que estoy escribiendo estas palabras; y delgados hasta lo grotesco, adelgazados por la intensidad de su dura expresión, de su resolución inexorable, del riguroso desprecio al dolor humano. Veía que los decretos de lo que para mí representaba el Destino salían aún de aquellos labios. Los vi retorcerse en una frase mortal; los vi pronunciar las sílabas de mi nombre, y me estremecí al ver que el sonido no seguía al movimiento.

Durante varios momentos de espanto frenético vi también la blanda y casi imperceptible ondulación de las negras colgaduras que cubrían las paredes de la sala, y mi vista cayó entonces sobre los siete grandes hachones que se habían colocado sobre la mesa. Tomaron para mí, al principio, el aspecto de la caridad, y los imaginé ángeles blancos y esbeltos que debían salvarme. Pero, de pronto, una náusea mortal invadió mi alma, y sentí que cada fibra de mi ser se estremecía como si hubiera estado en contacto con el hilo de una batería galvánica. Y las formas angélicas se convertían en insignificantes espectros con cabeza de llama, y comprendí que no debía esperar de ellos auxilio alguno. Entonces, como una magnífica nota musical, se insinuó en mi imaginación la idea del inefable reposo que nos espera en la tumba. Llegó suave, furtivamente; creo que necesité un gran rato para apreciarla por completo. Pero en el preciso instante en que mi espíritu comenzaba a sentir esa idea, y a acariciarla, las figuras de los jueces se desvanecieron por arte de magia; los grandes hachones se redujeron a la nada; sus llamas se apagaron, y sobrevino la negrura de las tinieblas; todas las sensaciones parecieron desaparecer como en una zambullida loca y precipitada del alma en el Hades. Y el Universo fue solo noche, silencio, inmovilidad.

Estaba desvanecido. Pero, no obstante, no puedo decir que hubiese perdido la conciencia del todo. La que me quedaba no intentaré definirla, ni describirla siquiera. Pero, en fin, todo no estaba perdido. En medio del más profundo sueño..., ¡no! En medio del delirio..., ¡no! En medio del desvanecimiento..., ¡no! En medio de la muerte..., ¡no! Si fuera de otro modo, no habría salvación para el hombre. Cuando nos despertamos del más profundo sueño, rompemos la telaraña de *algún* sueño. Y, no obstante, un segundo más tarde es tan delicado este tejido, que no recordamos haber soñado.

Dos grados hay, al volver del desmayo a la vida: el sentimiento de la existencia moral o espiritual y el de la existencia física. Parece probable que si, al llegar al segundo grado, hubiéramos de evocar las impresiones del primero, volveríamos a encontrar todos los recuerdos elocuentes del abismo trasmundano. ¿Y cuál es ese abismo? ¿Cómo, al menos, podremos distinguir sus sombras de las de la tumba? Pero si las impresiones de lo que he llamado «primer grado» no acuden de nuevo al llamamiento de la voluntad, no obstante, después de un largo intervalo, ¿no aparecen sin ser solicitadas, mientras, maravillados, nos preguntamos de dónde proceden? Quien no se haya desmayado nunca no descubrirá extraños palacios y casas singularmente familiares entre las ardientes llamas; no será el que contemple, flotando en el aire, las visiones melancólicas que el vulgo no puede vislumbrar; no será el que medite sobre el perfume de alguna flor desconocida, ni el que se perderá en el misterio de alguna melodía que nunca hubiese llamado su atención hasta entonces.

En medio de mis repetidos e insensatos esfuerzos, en medio de mi enérgica tenacidad en recoger algún vestigio de ese estado de vacío, hubo instantes en que soñé triunfar. Tuve momentos breves, brevísimos, en que he llegado a condensar recuerdos que en épocas posteriores mi razón lúcida me ha afirmado no poder referirse sino a ese estado en que parece aniquilada la conciencia. Muy confusamente me presentan esas sombras de recuerdos grandes figuras que me levantaban, transportándome silenciosamente hacia abajo, aún más hacia abajo, cada vez más abajo, hasta que me invadió un vértigo espantoso a la simple idea del infinito en descenso.

También me recuerdan no sé qué vago espanto que experimentaba el corazón, precisamente a causa de la calma sobrenatural de ese corazón. Luego, el sentimiento de una repentina inmovilidad en todo lo que me rodeaba, como si quienes me llevaban, un cortejo de espectros, hubieran pasado, al descender, los límites de lo ilimitado, y se hubiesen detenido, vencidos por el hastío infinito de su tarea. Recuerda mi alma más tarde una sensación de insipidez y de humedad; después, todo no es más que *locura*, la locura de una memoria que se agita en lo abominable.

De pronto vuelven a mi alma un movimiento y un sonido: el movimiento tumultuoso del corazón y el rumor de sus latidos. Luego, un intervalo en el que todo desaparece. Luego, el sonido de nuevo, el movimiento y el tacto, como una sensación vibrante penetradora de mi ser. Después la simple conciencia de mi existencia sin pensamiento, sensación que duró mucho. Luego, bruscamente, el *pensamiento* de nuevo, un temor que me producía escalofríos y un esfuerzo ardiente por comprender mi verdadero estado. Después, un vivo afán de caer en la insensibilidad. Luego, un brusco renacer del alma y una afortunada tentativa de movimiento. Entonces, el recuerdo completo del proceso, de los negros tapices, de la sentencia, de mi debilidad, de mi desmayo. Y el olvido más completo en torno a lo que ocurrió más tarde. Únicamente después, y gracias a la constancia más enérgica, he logrado recordarlo vagamente.

No había abierto los ojos hasta ese momento. Pero sentía que estaba tendido de espaldas y sin ataduras. Extendí la mano y pesadamente cayó sobre algo húmedo y duro. Durante algunos minutos la dejé descansar así, haciendo esfuerzos por adivinar dónde podía encontrarme y lo que había sido de mí. Sentía una gran impaciencia por hacer uso de mis ojos, pero no me atreví. Tenía miedo de la primera mirada sobre las cosas que me rodeaban. No es que me aterrorizara contemplar cosas horribles, sino que me aterraba la idea de no ver *nada*.

A la larga, con una loca angustia en el corazón, abrí rápidamente los ojos. Mi espantoso pensamiento se hallaba, pues, confirmado. Me rodeaba la negrura de la noche eterna. Me parecía que la intensidad de las tinieblas me oprimía y me sofocaba. La atmósfera era intolerablemente pesada. Continué acostado tranquilamente e hice un esfuerzo por emplear mi razón. Recordé los procedimientos inquisitoriales, y, partiendo de esto, procuré deducir mi posición verdadera. Había sido pronunciada la sentencia, y me parecía que desde entonces había transcurrido un largo intervalo de tiempo. No obstante, ni un solo momento imaginé que estuviera realmente muerto.

A pesar de todas las ficciones literarias, semejante idea es absolutamente incompatible con la existencia real. Pero ¿dónde me encontraba y cuál era mi estado? Sabía que los condenados a muerte morían con frecuencia en los autos de fe. La misma tarde del día de mi juicio se había celebrado una solemnidad de especie. ¿Me habían llevado, acaso, de nuevo a mi calabozo para aguardar en él el próximo sacrificio que había de celebrarse meses más tarde? Desde el principio comprendí que esto no podía ser. Inmediatamente había sido puesto en requerimiento el contingente de víctimas. Por otra parte, mi primer calabozo, como todas las celdas de los condenados, en Toledo, estaba empedrado y había en él alguna luz.

Repentinamente, una horrible idea aceleró mi sangre en torrentes hacia mi corazón, y durante unos instantes caí de nuevo en mi insensibilidad. Al volver en mí, de un solo movimiento me levanté sobre mis pies, temblando convulsivamente en cada fibra. Desatinadamente, extendí mis brazos por encima de mi cabeza y a mi alrededor, en todas direcciones. No sentí nada. No obstante, temblaba a la idea de dar un paso, pero me daba miedo tropezar contra los muros de mi *tumba*. Brotaba el sudor por todos mis poros, y en gruesas gotas frías se detenía sobre mi frente. A la larga, se me hizo intolerable la agonía de la incertidumbre y avancé con precaución, extendiendo los brazos y con los ojos fuera de sus órbitas, con la esperanza de hallar un débil rayo de luz. Di algunos pasos, pero todo estaba vacío y negro. Respiré con mayor libertad. Por fin, me pareció evidente que el destino que me habían reservado no era el más espantoso de todos.

Y entonces, mientras precavidamente continuaba avanzando, se confundían en masa en mi memoria mil vagos rumores que sobre los horrores de Toledo corrían. Sobre esos calabozos se contaban cosas extrañas. Yo siempre había creído que eran fábulas; pero, sin embargo, eran tan extraños, que solo podían repetirse en voz baja. ¿Debía morir yo de hambre, en aquel subterráneo mundo de tinieblas, y qué muerte más terrible quizá me esperaba? Puesto que conocía demasiado bien el carácter de mis jueces, no podía dudar de que el resultado era la muerte, y una muerte de una amargura escogida. Lo que sería, y la hora de su ejecución, era lo único que me preocupaba y me aturdía.

Mis extendidas manos encontraron, por último, un sólido obstáculo. Era una pared que parecía construida de piedra, muy lisa, húmeda y fría. La fui siguiendo de cerca, caminando con la precavida desconfianza que me habían inspirado ciertas narraciones antiguas. Sin embargo, esta operación no me proporcionaba medio alguno para examinar la dimensión de mi calabozo, pues podía dar la vuelta y volver al punto de donde había partido sin darme cuenta de lo perfectamente igual que parecía la pared. En vista de ello busqué el cuchillo que guardaba en uno de mis bolsillos cuando fui conducido al tribunal. Pero había desaparecido, porque mis ropas habían sido cambiadas por un traje de grosera estameña.

Con objeto de comprobar perfectamente mi punto de partida, había pensado clavar la hoja en alguna pequeña grieta de la pared. Sin embargo, la dificultad era bien fácil de ser solucionada, y, no obstante, al principio, debido al desorden de mi pensamiento, me pareció insuperable. Rasgué una tira de la orla de mi vestido y la coloqué en el suelo en toda su longitud, formando un ángulo recto con el muro. Recorriendo a tientas mi camino en torno a mi calabozo, al terminar el circuito tendría que encontrar el trozo de tela. Por lo menos, esto era lo que yo creía; pero no había tenido en cuenta ni las dimensiones de la celda ni mi debilidad. El terreno era húmedo y resbaladizo. Tambaleándome, anduve durante algún rato. Después tropecé y caí. Mi gran cansancio me decidió a continuar tumbado, y no tardó el sueño en apoderarse de mí en aquella posición.

Al despertarme y alargar el brazo hallé a mi lado un pan y un cántaro con agua. Estaba demasiado agotado para reflexionar en tales circunstancias, y bebí y comí ávidamente. Tiempo más tarde reemprendí mi viaje en torno a mi calabozo, y trabajosamente logré llegar al trozo de estameña. En el momento de caer había contado ya cincuenta y dos pasos, y desde que reanudé el camino hasta encontrar la tela, cuarenta y ocho. De modo que medía un total de cien pasos, y suponiendo que dos de ellos constituyeran una yarda, calculé en unas cincuenta yardas la circunferencia de mi calabozo. Sin embargo, había tropezado con numerosos ángulos en la pared, y esto impedía el conjeturar la forma de la cueva, pues no había duda alguna de que aquello era una cueva.

No ponía gran interés en aquellas investigaciones, y con toda seguridad estaba desalentado. Pero una vaga curiosidad me impulsó a continuarlas. Dejando la pared, decidí atravesar la superficie de mi prisión. Al principio procedí con extrema precaución, pues el suelo, aunque parecía ser de una materia dura, era traidor por el limo que en él había. No obstante, al cabo de un rato logré animarme y comencé a andar con seguridad, procurando cruzarlo en línea recta.

De esta forma avancé diez o doce pasos, cuando el trozo rasgado que quedaba de orla se me enredó entre las piernas, haciéndome caer de bruces violentamente.

En la confusión de mi caída no noté al principio una circunstancia no muy sorprendente y que, no obstante, segundos después, hallándome todavía en el suelo, llamó mi atención. Mi barbilla se apoyaba sobre el suelo del calabozo, pero mis labios y la parte superior de la cabeza, aunque parecían colocados a menos altura que la barbilla, no descansaban en ninguna parte. Me pareció, al mismo tiempo, que mi frente se empapaba en un vapor viscoso y que un extraño olor a setas podridas llegaba hasta mi nariz. Alargué el brazo y me estremecí descubriendo que había caído al borde mismo de un pozo circular cuya extensión no podía medir en aquel momento. Tocando las paredes precisamente debajo del brocal, logré arrancar un trozo de piedra y la dejé caer en el abismo. Durante algunos segundos presté atención a sus rebotes. Chocaba en su caída contra las paredes del pozo. Lúgubremente, se hundió por último en el agua, despertando ecos estridentes. En el mismo instante se dejó oír un ruido sobre mi cabeza, como de una puerta abierta y cerrada casi al mismo tiempo, mientras un débil rayo de luz atravesaba repentinamente la oscuridad y se apagaba enseguida.

Con toda claridad vi la suerte que se me preparaba, y me felicité por el oportuno accidente que me había salvado. Un paso más, y el mundo no me hubiera vuelto a ver. Aquella muerte, evitada a tiempo, tenía ese mismo carácter que había yo considerado como fabuloso y absurdo en las historias que sobre la Inquisición había oído contar. Las víctimas de su tiranía no tenían otra alternativa que la muerte, con sus crueles agonías físicas o con sus abominables torturas morales. Esta última fue la que me había sido reservada. Mis nervios estaban abatidos por un largo sufrimiento, hasta el punto de que me hacía temblar el sonido de mi propia voz, y me consideraba por todos motivos una víctima excelente para la clase de tortura que me aguardaba.

Temblando, retrocedí a tientas hasta la pared, decidido a dejarme morir antes que afrontar el horror de los pozos que en las tinieblas de la celda multiplicaba mi imaginación. En otra situación de ánimo hubiese tenido el suficiente valor para concluir con mis miserias de una sola vez, lanzándome a uno de aquellos abismos; pero en aquellos momentos era yo el más perfecto de los cobardes. Por otra parte, me era imposible olvidar lo que había leído con respecto a aquellos pozos, de los que se decía que la extinción *repentina* de la vida era una esperanza cuidadosamente excluida por el genio infernal de quien los había concebido.

Durante algunas horas me tuvo despierto la agitación de

mi ánimo. Pero, por último, me adormecí de nuevo. Al despertarme, como la primera vez, hallé a mi lado un pan y un cántaro de agua. Me consumía una sed abrasadora, y de un trago vacié el cántaro. Algo debía de tener aquella agua, pues apenas bebí sentí unos irresistibles deseos de dormir. Caí en un sueño profundo parecido al de la muerte No he podido saber nunca cuánto tiempo duró; pero, al abrir los ojos, pude distinguir los objetos que me rodeaban. Gracias a una extraña claridad sulfúrea, cuyo origen no pude descubrir al principio, podía ver la magnitud y aspecto de mi cárcel.

Me había equivocado mucho con respecto a sus dimensiones. Las paredes no podían tener más de veinticinco yardas de circunferencia. Durante unos minutos, ese descubrimiento me turbó grandemente, turbación en verdad pueril, ya que, dadas las terribles circunstancias que me rodeaban, ¿qué cosa menos importante podía encontrar que las dimensiones de mi calabozo? Pero mi alma ponía un interés extraño en las cosas nimias, y tenazmente me dediqué a darme cuenta del error que había cometido al tomar las medidas de aquel recinto. Por último se me apareció como un relámpago la luz de la verdad. En mi primera exploración había contado cincuenta y dos pasos hasta el momento de caer. En ese instante debía encontrarme a uno o dos pasos del trozo de tela. Realmente, había efectuado casi el circuito de la cueva. Entonces me dormí, y al despertarme, necesariamente debí de volver sobre mis pasos, creando así un circuito casi doble del real. La confusión de mi cerebro me impidió darme cuenta de que había empezado la vuelta con la pared a mi izquierda y que la terminaba teniéndola a la derecha.

También me había equivocado por lo que respecta a la forma del recinto. Tanteando el camino, había encontrado varios ángulos, deduciendo de ello la idea de una gran irregularidad; tan poderoso es el efecto de la oscuridad absoluta sobre el que sale de un letargo o de un sueño. Los ángulos eran, sencillamente, producto de leves depresiones o huecos que se encontraban a intervalos desiguales. La forma general del recinto era cuadrada. Lo que creía mampostería parecía ser ahora hierro u otro metal dispuesto en enormes planchas, cuyas suturas y junturas producían las depresiones.

Toda la superficie de aquella construcción metálica estaba embadurnada groseramente con toda clase de emblemas horrorosos y repulsivos, nacidos de la superstición sepulcral de los frailes. Figuras de demonios con amenazadores gestos, con formas de esqueleto y otras imágenes de horror más realista, llenaban en toda su extensión las paredes. Me di cuenta de que los contornos de aquellas monstruosidades estaban suficientemente claros, pero que los colores parecían manchados y estropeados por efecto de la humedad del ambiente. Vi entonces que el suelo era de piedra. En su centro había un pozo circular, de cuya boca había yo escapado, pero no vi que hubiese alguno más en el calabozo.

Todo esto lo vi confusamente y no sin esfuerzo, pues mi situación física había cambiado mucho durante mi sueño. Ahora, de espaldas, estaba acostado cuan largo era sobre una especie de armadura de madera muy baja. Estaba atado con una larga tira que parecía de cuero. Se enrollaba en distintas vueltas en torno a mis miembros y a mi cuerpo, dejando únicamente libres mi cabeza y mi brazo izquierdo. Sin embargo, tenía que hacer un violento esfuerzo para alcanzar el alimento que contenía un plato de barro que habían dejado a mi lado sobre el suelo. Con verdadero terror me di cuenta de que el cántaro había desaparecido, y digo con terror porque me devoraba una sed intolerable. Creí entonces que el plan de mis verdugos consistía en exasperar esta sed, puesto que el alimento que contenía el plato era una carne cruelmente salada.

Levanté los ojos y examiné el techo de mi prisión. Se hallaba a una altura de treinta o cuarenta pies y se parecía mucho, por su construcción, a las paredes laterales. En una de sus caras llamó mi atención una figura de las más singulares. Era una representación pintada del Tiempo, tal como se acostumbra a representarlo, pero en lugar de la guadaña tenía un objeto que a primera vista creí se trataba de un enorme péndulo como los de los relojes antiguos. No obstante, algo había en el aspecto de aquella máquina que me hizo mirarla con más detención.

Mientras la observaba directamente, mirando hacia arriba, pues se hallaba colocada exactamente sobre mi cabeza, me pareció ver que se movía. Un momento después se confirmaba mi idea. Su balanceo era corto y, por tanto, muy lento. No sin cierta desconfianza, y, sobre todo, con extrañeza, la observé durante unos minutos. Cansado, al cabo, de vigilar su fastidioso movimiento, volví mis ojos hacia los demás objetos de la celda.

Un ruido leve atrajo mi atención. Miré al suelo y vi algunas enormes ratas que lo cruzaban. Habían salido del pozo que yo podía distinguir a mi derecha. En ese instante, mientras las miraba, subieron en tropel, a toda prisa, con voraces ojos y atraídas por el olor de la carne. Me costó gran esfuerzo y atención apartarlas.

Transcurrió media hora, tal vez una hora –pues apenas imperfectamente podía medir el tiempo–, cuando, de nuevo, levanté los ojos sobre mí. Lo que entonces vi me dejó atónito y sorprendido. El camino del péndulo había aumentado casi una yarda, y, como consecuencia natural, su velocidad era también mucho mayor. Pero, principalmente, lo que más me impresionó fue la idea de que había *descendido* visiblemente. Puede imaginarse con qué espanto observé entonces que su extremo inferior estaba formado por media luna de brillante acero, que, aproximadamente, tendría un pie de largo de un cuerno a otro. Los cuernos estaban dirigidos hacia arriba, y el filo inferior, evidentemente afilado como una navaja barbera. También parecía una navaja barbera, pesado y macizo, y se ensanchaba desde el filo en una forma ancha y sólida. Se ajustaba a una gruesa varilla de cobre, y todo ello *silbaba* moviéndose en el espacio.

Ya no había duda alguna con respecto a la suerte que me había preparado la horrible ingeniosidad monacal. Los agentes de la Inquisición habían previsto mi descubrimiento del pozo; *del pozo*, cuyos horrores habían sido reservados para un hereje tan temerario como yo; *del pozo*, imagen del infierno, considerado por la opinión como la Última Tule de todos los castigos. El más fortuito de los accidentes me había salvado de caer en él, y yo sabía que el arte de convertir el suplicio en un lazo y una sorpresa constituía una rama importante de aquel sistema fantástico de ejecuciones misteriosas. Por lo visto, habiendo fracasado mi caída en el pozo, no figuraba en el demoníaco plan arrojarme a él. Por tanto, estaba destinado, y en este caso sin ninguna alternativa, a una muerte distinta y más dulce. ¡Más dulce! En mi agonía, pensando en el uso singular que yo hacía de esta palabra, casi sonreí.

¿Para qué contar las largas, las interminables horas de horror, más que mortales, durante las que conté las vibrantes oscilaciones del acero? Pulgada a pulgada, línea a línea, descendía gradualmente, efectuando un descenso solo apreciable a intervalos, que eran para mí más largos que siglos. Y cada vez más, cada vez más, seguía bajando, bajando.

Pasaron días, tal vez muchos días, antes de que llegase a balancearse lo suficientemente cerca de mí para abanicarme con su aire acre. Hería mi olfato el olor del acero afilado. Rogué al Cielo, cansándolo con mis súplicas, que hiciera descender más rápidamente el acero. Enloquecí, me volví frenético, hice esfuerzos para incorporarme e ir al encuentro de aquella espantosa y movible cimitarra. Y luego, de pronto, se apoderó de mí una gran calma y permanecí tendido, sonriendo a aquella muerte brillante, como podría sonreír un niño a un juguete precioso.

Transcurrió luego un instante de perfecta insensibilidad. Fue un intervalo muy corto. Al volver a la vida no me pareció que el péndulo hubiera descendido una altura apreciable. No obstante, es posible que aquel tiempo hubiese sido larguísimo. Yo sabía que existían seres infernales que tomaban nota de mi desvanecimiento y que a su capricho podían detener la vibración.

Al volver en mí, sentí un malestar y una debilidad indecibles, como resultado de una enorme inanición. Aun entre aquellas angustias, la naturaleza humana suplicaba el sustento. Con un esfuerzo penoso, extendí mi brazo izquierdo tan lejos como mis ligaduras me lo permitían, y me apoderé de un pequeño sobrante que las ratas se habían dignado dejarme. Al llevarme un pedazo a los labios, un informe pensamiento de extraña alegría, de esperanza, se alojó en mi espíritu. No obstante, ¿qué había de común entre la esperanza y yo? Repito que se trataba de un pensamiento informe. Con frecuencia tiene el hombre pensamientos así, que nunca se completan. Me di cuenta de que se trataba de un pensamiento de alegría, de esperanza, pero comprendí también que había muerto al nacer. Me esforcé inútilmente en completarlo, en recobrarlo. Mis largos sufrimientos habían aniquilado casi por completo las ordinarias facultades de mi espíritu. Yo era un imbécil, un idiota.

La oscilación del péndulo se efectuaba en un plano que formaba ángulo recto con mi cuerpo. Vi que la cuchilla había sido dispuesta de modo que atravesara la región del corazón. Rasgaría la tela de mi traje, volvería luego y repetiría la operación una y otra vez. A pesar de la gran dimensión de la curva recorrida –unos treinta pies, más o menos– y la silbante energía de su descenso, que incluso hubiera podido cortar aquellas murallas de hierro, todo cuanto podía hacer, en resumen, y durante algunos minutos, era rasgar mi traje.

Y en este pensamiento me detuve. No me atrevía a ir más allá de él. Insistí sobre él con una sostenida atención, como si con esta insistencia hubiera podido parar *allí* el descenso de la cuchilla. Empecé a pensar en el sonido que produciría esta al pasar sobre mi traje, y en la extraña y penetrante sensación que produce el roce de la tela sobre los nervios. Pensé en todas esas cosas, hasta que los dientes me rechinaron.

Más bajo, más bajo aún. Se deslizaba cada vez más bajo. Yo hallaba un placer frenético en comparar su velocidad de arriba abajo con su velocidad lateral. Ahora, hacia la derecha; ahora, hacia la izquierda. Después se iba lejos, lejos, y volvía luego, con el chillido de un alma condenada, hasta mi corazón con el andar furtivo del tigre. Yo aullaba y reía alternativamente, según me dominase una u otra idea.

Más bajo, invariablemente, inexorablemente más bajo. Se movía a tres pulgadas de mi pecho. Furiosamente, intenté libertar con violencia mi brazo izquierdo. Estaba libre solamente desde el codo hasta la mano. Únicamente podía mover la mano desde el plato que habían colocado a mi lado hasta mi boca; solo esto, y con un gran esfuerzo. Si hubiera podido romper las ligaduras por encima del codo, hubiese cogido el péndulo e intentado detenerlo, lo que hubiera sido como intentar detener una avalancha.

Siempre más bajo, incesantemente, inevitablemente más bajo. Respiraba con verdadera angustia, y me agitaba a cada vibración. Mis ojos seguían el vuelo ascendente de la cuchilla y su caída, con el ardor de la desesperación más enloquecida; espasmódicamente, se cerraban en el momento del descenso sobre mí. Aun cuando la muerte hubiera sido un alivio, ¡oh, qué alivio más indecible! Y, sin embargo, temblaba con todos mis nervios al pensar que bastaría que la máquina descendiera un grado para que se precipitara sobre mi pecho el hacha afilada y reluciente. Y mis nervios temblaban, y hacían encoger todo mi ser a causa de la *esperanza*. Era la *esperanza*, la esperanza triunfante aún sobre el potro, que se dejaba oír al oído de los condenados a muerte, incluso en los calabozos de la Inquisición.

Comprobé que diez o doce vibraciones, aproximadamente, pondrían el acero en inmediato contacto con mi traje. Y con esta observación se entró en mi ánimo la calma condensada y aguda de la desesperación. Desde hacía muchas horas, desde hacía muchos días, tal vez, *pensé* por vez primera. Se me ocurrió que la tira o correa que me ataba era de un solo trozo. Estaba atado con una ligadura continuada. La primera mordedura de la cuchilla de la media luna, efectuada en cualquier lugar de la correa, tenía que desatarla lo suficiente para permitir que mi mano la desenrollara de mi cuerpo. ¡Pero qué terrible era, en este caso, su proximidad! El resultado de la más ligera sacudida había de ser mortal. Por otra parte, ¿habrían previsto o impedido esta posibilidad los secuaces del verdugo? ¿Era probable que en el recorrido del péndulo atravesasen mi pecho las ligaduras? Temblando al imaginar frustrada mi débil esperanza, la última, realmente, levanté mi cabeza lo bastante para ver bien mi pecho. La correa cruzaba mis miembros estrechamente, juntamente con todo mi cuerpo, en todos sentidos, *menos en la trayectoria de la cuchilla homicida.*

Aún no había dejado caer de nuevo mi cabeza en su primera posición, cuando sentí brillar en mi espíritu algo que solo sabría definir, aproximadamente, diciendo que era la mitad no formada de la idea de libertad que ya he expuesto, y de la que vagamente había flotado en mi espíritu una sola mitad cuando llevé a mis labios ardientes el alimento. Ahora, la idea entera estaba allí presente, débil, apenas viable, casi indefinida, pero, en fin, completa. Inmediatamente, con la energía de la desesperación, intenté llevarla a la práctica.

Hacía varias horas que cerca del caballete sobre el que me hallaba acostado se encontraba un número incalculable de ratas. Eran tumultuosas, atrevidas, voraces. Fijaban en mí sus ojos rojos, como si no esperasen más que mi inmovilidad para hacer presa. «¿A qué clase de alimento –pensé– se habrán acostumbrado en este pozo?»

Menos una pequeña parte, y a pesar de todos mis esfuerzos para impedirlo, habían devorado el contenido del plato. Mi mano se acostumbró a un movimiento de vaivén hacia el plato; pero a la larga, la uniformidad maquinal de ese movimiento le había restado eficacia. Aquella plaga, en su voracidad, dejaba señales de sus agudos dientes en mis dedos. Con los restos de la carne aceitosa y picante que aún quedaba, froté vigorosamente mis ataduras hasta donde me fue posible hacerlo, y hecho esto retiré mi mano del suelo y me quedé inmóvil y sin respirar.

Al principio, lo repentino del cambio y el cese del movimiento hicieron que los voraces animales se asustaran. Se apartaron alarmados y algunos volvieron al pozo. Pero esta actitud no duró más de un instante. No había yo contado en vano con su glotonería. Viéndome sin movimiento, una o dos de las más atrevidas se encaramaron por el caballete y olisquearon la correa. Todo esto me pareció el preludio de una invasión general. Un nuevo tropel surgió del pozo. Se agarraron a la madera, la escalaron y a centenares saltaron sobre mi cuerpo. Nada las asustaba el movimiento regular del péndulo. Lo esquivaban y trabajaban activamente sobre la engrasada tira. Se apretaban moviéndose y se amontonaban incesantemente sobre mí. Sentía que se retorcían sobre mi garganta, que sus fríos hocicos buscaban mis labios.

Me encontraba medio sofocado por aquel peso que se multiplicaba constantemente. Un asco espantoso, que ningún hombre ha sentido en el mundo, henchía mi pecho y helaba mi corazón como un pesado vómito. Un minuto más, y me daba cuenta de que la operación habría terminado. Sobre mí sentía perfectamente la distensión de las ataduras. Me daba cuenta de que en más de un sitio habían de estar cortadas. Con una resolución sobrehumana, continué inmóvil.

No me había equivocado en mis cálculos. Mis sufrimientos no habían sido vanos. Sentí luego que estaba *libre*. En pedazos, colgaba la correa en torno de mi cuerpo. Pero el movimiento del péndulo se efectuaba ya sobre mi pecho. La estameña de mi traje había sido atravesada y cortada la camisa. Efectuó dos oscilaciones más, y un agudo dolor atravesó mis nervios. Pero había llegado el instante de salvación. A un ademán de mis manos, huyeron tumultuosamente mis libertadoras. Con un movimiento tranquilo y decidido, prudente y oblicuo, lento y aplastándome contra el banquillo, me deslicé fuera del abrazo de la tira y del alcance de la cimitarra. Cuando menos, por el momento *estaba libre*.

¡Libre! ¡Y en las garras de la Inquisición! Apenas había escapado de mi lecho de horror, apenas hube dado unos pasos por el suelo de mi calabozo, cesó el movimiento de la máquina infernal y la oí subir atraída hacia el techo por una fuerza invisible. Aquella fue una lección que llenó de desesperación mi alma. Indudablemente, todos mis movimientos eran espiados. ¡Libre! Había escapado de la muerte bajo una determinada agonía, solo para ser entregado a algo peor que la muerte misma, y bajo otra nueva forma. Pensando en ello, fijé convulsivamente mis ojos en las paredes de hierro que me rodeaban. Algo extraño, un cambio que en un principio no pude apreciar claramente se había producido con toda evidencia en la habitación. Durante varios minutos en los que estuve distraído, lleno de ensueños y de escalofríos, me perdí en conjeturas vanas e incoherentes.

Por primera vez me di cuenta del origen de la luz sulfurosa que iluminaba la celda. Provenía de una grieta de media pulgada de anchura, que se extendía en torno del calabozo en la base de las paredes, que, de ese modo, parecían, y en efecto lo estaban, completamente separadas del suelo. Intenté mirar por aquella abertura, aunque como puede imaginarse, inútilmente. Al levantarme desanimado, se descubrió a mi inteligencia, de pronto, el misterio de la alteración que la celda había sufrido.

Había tenido ocasión de comprobar que, aun cuando los contornos de las figuras pintadas en las paredes fuesen suficientemente claros, los colores parecían alterados y borrosos. Ahora acababan de tomar, y tomaban a cada momento, un sorprendente e intensísimo brillo, que daba a aquellas imágenes fantásticas y diabólicas un aspecto que hubiera hecho temblar a nervios más firmes que los míos. Pupilas demoníacas, de una viveza siniestra y feroz, se clavaban sobre mí desde mil sitios distintos, donde yo anteriormente no había sospechado que se encontrara ninguna, y brillaban cual fulgor lúgubre de un fuego que, aunque vanamente, quería considerar completamente imaginario.

¡Imaginario! Me bastaba respirar para traer hasta mi nariz un vapor de hierro enrojecido. Se extendía por el calabozo un olor sofocante. A cada momento se reflejaba un ardor más profundo en los ojos clavados en mi agonía. Un rojo más oscuro se extendía sobre aquellas horribles pinturas sangrientas. Estaba jadeante; respiraba con grandes esfuerzos. No había duda con respecto al deseo de mis verdugos, los más despiadados, los más demoníacos de todos los hombres.

Me aparté lejos del metal ardiente, dirigiéndome al centro del calabozo. Frente a aquella destrucción por el fuego, la idea de la frescura del pozo llegó a mi alma como un bálsamo. Me lancé hacia sus mortales bordes. Dirigí mis miradas hacia el fondo.

El resplandor de la inflamada bóveda iluminaba sus cavidades más ocultas. No obstante durante un minuto de desvarío, mi espíritu se negó a comprender la significación de lo que veía. Al fin, aquello penetró en mi alma, a la fuerza, triunfalmente. Se grabó a fuego en mi razón estremecida. ¡Una voz, una voz para hablar! ¡Oh horror! ¡Todos los horrores, menos ese! Con un grito, me aparté del brocal, y, escondido mi rostro entre las manos, lloré con amargura.

El calor aumentaba rápidamente, y levanté una vez más los ojos, temblando en un acceso febril. En la celda se había operado un segundo cambio, y ese se efectuaba, evidentemente, en la *forma*. Como la primera vez, intenté inútilmente apreciar o comprender lo que sucedía. Pero no me dejaron mucho tiempo en la duda. La venganza de la Inquisición era rápida, y dos veces la había frustrado. No podía luchar por más tiempo con el rey del espanto. La celda había sido cuadrada. Ahora notaba que dos de sus ángulos de hierro eran agudos, y, por tanto, obtusos los otros dos. Con un gruñido, con un sordo gemido, aumentaba rápidamente el terrible contraste.

En un momento, la estancia había convertido su forma en la de un rombo. Pero la transformación no se detuvo aquí. No deseaba ni esperaba que se parase. Hubiera llegado a los muros al rojo para aplicarlos contra mi pecho, como si fueran una vestidura de eterna paz. «¡La muerte! –me dije–. ¡Cualquier muerte, menos la del pozo!» ¡Insensato! ¿Cómo no pude comprender que el pozo era necesario, que aquel pozo único era la razón del hierro candente que me sitiaba? ¿Resistiría yo su calor? Y aun suponiendo que pudiera resistirlo, ¿podría sostenerme contra su presión?

Y el rombo se aplastaba, se aplastaba, con una rapidez que no me dejaba tiempo para pensar. Su centro, colocado sobre la línea de mayor anchura, coincidía precisamente con el abismo abierto. Intenté retroceder, pero los muros, al unirse, me empujaban con una fuerza irresistible.

Llegó, por último, un momento en que mi cuerpo, quemado y retorcido, apenas halló sitio para él, apenas hubo lugar para mis pies en el suelo de la prisión. No luché más, pero la agonía de mi alma se exteriorizó en un fuerte y prolongado grito de desesperación. Me di cuenta de que vacilaba sobre el brocal, y volví los ojos...

Pero he aquí un ruido de voces humanas. Una explosión, un huracán de trompetas, un poderoso rugido semejante al de mil truenos. Los muros de fuego se echaron hacia atrás precipitadamente. Un brazo alargado me cogió el mío, cuando, ya desfalleciente, me precipitaba en el abismo. Era el brazo del general Lasalle. Las tropas francesas habían entrado en Toledo. La Inquisición se hallaba en poder de sus enemigos.

[Trad. de Fernando Gutiérrez y Diego Navarro]

El corazón revelador

«El corazón revelador» es sin lugar a dudas un logro mayor de la literatura. Pertenece a la serie que Poe dedicó a las supersticiones populares. En este caso, la creencia en la que se basa el autor es la del mal de ojo, frecuente en muchas culturas, por lo que resulta difícil concretar la fuente de la que se sirvió. Es probable que oyera hablar por vez primera de este extraño fenómeno durante su estancia en Fort Moultrie de Charleston Harbor, Carolina del Norte.

Las palabras del narrador no dejan ninguna duda sobre su locura. No obstante, el autor se ocupa cuidadosamente de que quede sin responder cuánto de lo relatado es alucinado y cuánto es real. ¿Había perdido la cordura el protagonista antes de imaginar que el viejo le había echado un mal de ojo... o fue un auténtico mal de ojo lo que le hizo enloquecer? A lo largo de los años, muchos lectores han llegado a suponer que aquello que el asesino oye es su propio corazón.

El autor habría encontrado inspiración en dos obras que desde luego conocía. En primer lugar, cabe tener en cuenta la descripción hecha por Daniel Webster de un crimen real: John Francis Knapp había empleado a un hombre para robar y asesinar a un tal Joseph White, de Salem, la noche del 6 de abril de 1830. La otra fuente podría ser «Confesión encontrada en una prisión de la época de Carlos II», de Charles Dickens, en la que un asesino es descubierto porque la sangre del cadáver de su sobrino empieza a brotar del suelo de su salón ante la mirada de dos visitantes.

Poe terminó la redacción del cuento a finales de 1842, pero Bradbury y Soden, editores del Boston Miscellany, *habrían rechazado el manuscrito, razón por la cual su publicación se demoró hasta que Lowell lo incluyó en el primer número de* The Pioneer, *aparecido durante los primeros meses de 1843.*

¡De veras! Soy muy nervioso. Tremendamente nervioso. Lo he sido siempre; pero ¿por qué decís que estoy loco? La enfermedad ha aguzado mis sentidos, pero no los ha destruido ni embotado. De todos ellos, el más agudo era el del oído. Yo he escuchado todas las cosas del cielo y de la tierra y bastantes del infierno. ¿Cómo, entonces, he de estar loco? Atención. Observad con qué salud, con qué calma puedo contaros toda esta historia.

Es imposible explicar cómo la idea penetró originariamente en mi cerebro. Pero, una vez concebida, me acosó día y noche. Motivo, no había ninguno. Nada tenía que ver con ello la pasión. Yo quería al viejo. Nunca me había hecho daño. Jamás me insultó. Su oro no despertó en mí la menor codicia. Creo que era su ojo. Sí, esto era. Uno de sus ojos se parecía al de un buitre. Un ojo azul pálido, con una catarata. Cuantas veces caía ese ojo sobre mí se helaba mi sangre. Y así, lentamente, gradualmente, se me metió en la cabeza la idea de matar al anciano y librarme para siempre, de este modo, del ojo aquel.

Ahora viene la dificultad. Me creeréis loco. Los locos nada saben de cosa alguna. Pero si me hubieseis visto, si hubierais visto con qué sabiduría procedí, con qué precaución, con qué cautela, con qué disimulo puse manos a la obra...

Nunca estuve tan amable con él como durante toda la semana que precedió al asesinato. Cada noche, cerca de las doce, descorría el pestillo de su puerta y la abría, ¡oh!, muy suavemente. Y entonces, cuando la había abierto lo suficientemente para que pasara mi cabeza, introducía por la abertura una linterna sorda, bien cerrada, bien cerrada, para que no se filtrara ninguna claridad. Después metía la cabeza. ¡Oh! Os hubierais reído viendo con qué habilidad metía la cabeza. La movía lentamente, muy, muy lentamente, con miedo de turbar el sueño del anciano. Por lo menos, necesitaba una hora para introducir toda mi cabeza por la abertura y ver al viejo acostado en su cama. ¡Ah! ¿Hubiera sido tan prudente un loco?

Entonces, cuando mi cabeza estaba dentro de la habitación, abría con precaución mi linterna –¡oh, con qué cuidado, con qué cuidado!–, porque la charnela rechinaba un poco. La abría justamente lo necesario para que un hilo imperceptible de luz incidiera sobre el ojo de buitre. Hice esto durante siete noches interminables, a las doce, precisamente. Pero encontraba siempre el ojo cerrado, y así, fue imposible realizar mi propósito, porque no era el anciano el que me molestaba, sino su maldito ojo. Y todas las mañanas, cuando amanecía, entraba osadamente en su cuarto y le hablaba valerosamente, llamándole por su nombre con voz cordial, interesándome por cómo había pasado la noche. Estáis viendo, pues, que había de ser un viejo muy perspicaz para sospechar que todas las noches precisamente a las doce le observaba durante su sueño.

En la octava noche abrí la puerta con mayor precaución que antes. La aguja de un reloj se mueve más deprisa que lo que se movía entonces mi mano. Jamás como aquella noche pude darme tanta cuenta de la magnitud de mis facultades, de mi sagacidad. Apenas podía dominar mi sensación de triunfo. Pensar que estaba allí abriendo la puerta poco a poco, y que él ni siquiera soñaba en mis acciones o mis pensamientos secretos... A esta idea se me escapó una risita, y tal vez me oyese, porque se movió de pronto en su lecho como si fuera a despertarse. Tal vez creáis ahora que me retiré. Pues no. Su cuarto estaba tan negro como la pez, tan espesas eran las tinieblas –porque las ventanas estaban cerradas cuidadosamente por miedo a los ladrones–, y seguro de que él no podía ver la puerta entreabierta, continué empujándola un poco más, siempre un poco más.

Había introducido mi cabeza y me disponía a abrir la linterna, cuando mi pulgar resbaló sobre el cierre de hierro estañado y el anciano se incorporó en su lecho preguntando:

–¿Quién anda ahí?

Permanecí completamente inmóvil y nada dije. Durante toda una hora no moví un solo músculo, y en todo ese tiempo no oí que volviera a acostarse. Continuaba sentado en la cama, escuchando, exactamente lo mismo que yo lo había hecho durante noches enteras, oyendo a las arañas de la pared.

De pronto oí un débil gemido. Me di cuenta de que se trataba de un lamento de terror mortal. No era un lamento de dolor o tristeza, ¡oh, no!, era el murmullo sordo y ahogado que escapa de lo íntimo de un alma oprimida por el espanto. Yo ya conocía bien ese murmullo. Muchas noches, precisamente al filo de la media noche, cuando todos dormían, irrumpía en mi propio pecho, excavando con su eco terrible los terrores que me consumían. Digo que lo conocía bien. Sabía lo que estaba sintiendo el viejo y sentía piedad por él, aunque la risa llenase mi corazón. Sabía que él continuaba despierto desde que, habiendo oído el primer rumor, se movió en la cama. Sus temores habían ido siempre en aumento. Procuraba persuadirse de que eran infundados. Se había dicho a sí mismo: «No es nada. El viento en la chimenea. Un ratón que corre por el entarimado», o: «Simplemente un grillo que canta». Sí; procuró calmarse con estas hipótesis. Pero fue todo inútil. *Fue todo inútil*, porque la muerte que se aproximaba había pasado ante él con su gran sombra negra, envolviendo con ella a su víctima. Y era la influencia fúnebre de su sombra no vista lo que le hacía sentir –aunque no viera ni escuchara nada–, lo que le hacía *sentir* la presencia de mi cabeza en su cuarto.

Después de haber esperado largo rato, con toda paciencia, sin oír que se acostara de nuevo, me aventuré a abrir un poco la linterna, pero tan poco, tan poco como si nada. La abrí tan furtivamente, tan furtivamente, como no podréis imaginároslo, hasta que, al fin, un único y pálido rayo, como un hilo de telaraña, salió por la ranura y descendió sobre su ojo de buitre.

Estaba abierto, enteramente abierto y, al verlo, me encolericé. Lo vi con nitidez perfecta. Todo él, de un azul mate y cubierto por una horrorosa nube que me helaba la médula de los huesos. Pero no podía ver ni la cara ni el cuerpo del anciano, como por instinto, precisamente sobre el maldito lugar.

¿No os he dicho ahora que apenas es una hiperestesia de los sentidos aquello que consideráis locura? Entonces, os digo, un rumor sordo, ahogado, continuo, llegó a mis oídos, semejante al producido por un reloj envuelto en algodón. Inmediatamente reconocí *ese* sonido. Era el corazón del viejo, latiendo. Excitó mi furor como el redoble del tambor excita el valor del soldado.

Me dominé, no obstante, y continué sin moverme. Apenas respiraba. Tenía quieta en las manos la linterna. Me esforzaba en conservar el rayo de luz fijo sobre el ojo. Al mismo tiempo, el pálpito infernal del corazón era cada vez más fuerte, más apresurado, y, sobre todo, más sonoro. El pánico del anciano *debió* de ser tremendo. Este latir, ya lo he dicho, se volvía cada vez más fuerte, minuto a minuto. ¿Me oís bien? Ya os he dicho que era nervioso. Realmente lo soy, y entonces, en pleno corazón de la noche, en medio del temible silencio de aquella vieja casa, un ruido tan extraño hizo penetrar en mí un pavor irresistible. Durante algunos minutos me contuve y continué tranquilo. Pero la pulsación se hacía cada vez más fuerte, siempre más fuerte.

Creí que el corazón iba a estallar, y era que una nueva angustia se apoderaba de mí: el rumor podía ser oído por algún vecino. Había sonado la hora del viejo. Con un gran alarido, abrí de pronto la linterna y me precipité en la alcoba. El viejo dejó escapar un grito, uno solo. En un momento le derribé al suelo, depositando sobre él el tremendo peso del lecho. Sonreí entonces, complacido, viendo tan adelantada mi obra. Durante algunos minutos, el corazón, sin embargo, latió con un sonido ahogado. A pesar de todo, ya no me atormentaba. No podía oírse a través de las paredes. Por fin, cesó. El viejo estaba muerto. Levanté la cama y examiné el cuerpo. Sí; estaba muerto, muerto como una piedra. Puse mi mano sobre su corazón y estuve así durante algunos minutos. No advertí latido alguno. Estaba muerto como una piedra. En adelante, su ojo no me atormentaría más.

Si insistís en considerarme loco, vuestra opinión se desvanecerá cuando os describa las inteligentes precauciones que tomé para esconder el cadáver. Avanzaba la noche y yo trabajaba con prisa, pero en silencio. Lo primero que hice fue desmembrar el cuerpo. Corté la cabeza. Después, los brazos. Después, las piernas.

Enseguida arranqué tres tablas del entarimado y lo coloqué todo bajo el piso de madera. Después volví a poner las tablas con tanta habilidad y destreza, que ningún ojo humano –ni siquiera el *suyo*– hubiese podido descubrir allí nada alarmante. Nada había que lavar. Ni una mancha, ni una mancha de sangre. No se me escapó pormenor alguno. Una cubeta lo hizo desaparecer todo... ¡Ah! ¡Ah!

Cuando terminé todas estas operaciones eran las cuatro y estaba tan oscuro como medianoche. En el momento en que el reloj señalaba la hora, llamaron a la puerta de la calle. Bajé a abrir confiado, porque ¿qué era lo que tenía que temer *entonces*? Entraron tres hombres, que se presentaron a mí cortésmente como agentes de policía. Un vecino había oído un grito durante la noche y le hizo despertar la sospecha de que se había cometido un crimen. En la delegación había sido presentada una denuncia, y aquellos caballeros –los agentes– habían sido enviados para practicar un reconocimiento.

Sonreí, porque *¿qué* tenía que temer? Di la bienvenida a aquellos caballeros.

–El grito –les dije– lo lancé yo, soñando. El viejo –añadí– está de viaje por la comarca.

Conduje a mis visitantes por toda la casa. Los invité a que buscaran, a que buscaran *bien*. Por fin, los conduje a *su* cuarto. Les mostré sus tesoros, en seguridad perfecta, en perfecto orden. Entusiasmado con mi confianza, les llevé unas sillas a la habitación y les supliqué que se sentaran, mientras yo, con la desbordada audacia del triunfo absoluto, coloqué mi propia silla exactamente en el lugar que ocultaba el cuerpo de la víctima.

Los agentes estaban satisfechos. Mi *actitud* les había convencido. Me sentía singularmente bien. Se sentaron y hablaron de cosas familiares, a las que contesté jovialmente. Pero, al poco rato, me di cuenta de que palidecía y deseé que se fueran. Me dolía la cabeza y me parecía que mis oídos zumbaban. Sin embargo, ellos continuaban sentados y prosiguiendo la conversación. El zumbido se hizo más claro. Persistió y se volvió cada vez más perceptible. Empecé a hablar copiosamente, para libertarme de tal sensación. Pero esta resistió, reiterándose de tal modo, que no tardé en descubrir, por último, que el rumor *no* nacía en mis oídos.

Sin duda, me puse entonces *muy* pálido. Pero seguía hablando sin tino, elevando el tono de mi voz. El ruido aumentaba siempre. ¿Qué podía hacer?

Era *un ruido sordo, ahogado, continuo, semejante al producido por un reloj envuelto en algodón*. Respiraba con dificultad. Los agentes nada oían aún.

Hablé más deprisa, con mayor vehemencia. Pero el rumor crecía incesantemente. Me levanté y discutí sobre tonterías, con voz muy alta y violenta gesticulación. Pero el rumor crecía, crecía siempre. ¿Por qué ellos no se querían marchar? Comencé a andar de un lado para otro de la habitación, pesadamente, dando grandes pasos, como exasperado por sus observaciones. Pero el rumor crecía incesantemente. ¡Oh

Dios! ¿Qué *podía* yo hacer? Echaba espumarajos, desvariaba, pateaba. Movía la silla en que estaba sentado y la hacía resonar sobre el suelo. Pero el rumor lo dominaba todo y crecía indefinidamente. Se hacía más fuerte cada vez, más fuerte, siempre más *fuerte*. Y los hombres continuaban hablando, bromeando, sonriendo. ¿Sería posible que nada oyeran? ¡Dios todopoderoso! ¡No, no! ¡Estaban oyendo, estaban sospechando! *¡Sabían!* ¡Estaban *divirtiéndose* con mi terror! Así lo creí y lo creo ahora. Pero había algo peor que aquella burla. No podía tolerar por más tiempo aquellas hipócritas sonrisas. Me di cuenta de que era preciso gritar o morir, porque entonces... ¿Lo oís? ¡Escuchad! ¡Cuán alto, cuán alto, siempre más alto, *siempre más alto*!

–¡Miserables! –exclamé–. ¡No disimulen por más tiempo! ¡Lo confieso todo! ¡Arranquen esas tablas! ¡Aquí, aquí! ¡Es el latido de su horroroso corazón!

[Trad. de Fernando Gutiérrez y Diego Navarro]

El gato negro

Relato sin par entre los de su género, el presente combina algunos de los temas que fascinaban al autor, como la reencarnación, la perversidad y el castigo. Y si bien estos se recuperan para otras narraciones, incluso para ser tratados con más profundidad, ninguna de ellas puede compararse a la de «El gato negro».

Poe tuvo un gato negro, y en 1840 había publicado un artículo titulado «Instinto contra razón. Una gata negra», en el cual afirmaba: «Todos los gatos negros son brujos». Tal sentencia es dicha casi como si de un chiste se tratara, pero el escritor enseguida vio que en tal superstición podría haber una buena historia. «El gato negro» es, pues, un cuento de brujería: la aparición de un segundo gato de la nada, el lento acrecentamiento de la marca blanca y el asesinato de la mujer después de que el animal rozase con el protagonista en la escalera son pinceladas sobrenaturales.

El escritor puso mucho de sus circunstancias personales en este cuento. Hay un ejemplo de su infancia que raramente es mencionado por los estudiosos de su vida. En cierta ocasión, un joven Poe mató gratuitamente a un cervatillo, mascota de su madre de acogida, y ello motivó en él, con el tiempo, un terrible remordimiento.

Por otro lado, su afecto por los gatos proviene de su más temprana infancia. Matar a un gato se traducía en él como el asesinato de una criatura racional. El protagonista del relato era ya moralmente un asesino cuando su último acto de crueldad lo convirtió en uno a ojos de la ley.

Poe escribió «El gato negro» a finales del año 1842 y el cuento fue vendido al Saturday Evening Post, *donde apareció por vez primera. Thomas Dunn English parodió la historia hacia 1844 en «The Ghost of a Grey Tadpole».*

Ni espero ni quiero que se dé crédito a la historia más extraordinaria, y, sin embargo, más familiar, que voy a referir. Tratándose de un caso en el que mis sentidos se niegan a aceptar su propio testimonio, yo habría de estar realmente loco si así lo creyera. No obstante, no estoy loco, y, con toda seguridad, no sueño. Pero mañana puedo morir y quisiera aliviar hoy mi espíritu. Mi inmediato deseo es mostrar al mundo, clara, concretamente y sin comentarios, una serie de simples acontecimientos domésticos que, por sus consecuencias, me han aterrorizado, torturado y anonadado. A pesar de todo, no trataré de esclarecerlos. A mí casi no me han producido otro sentimiento que el de horror; pero a muchas personas les parecerán menos terribles que insólitos. Tal vez más tarde haya una inteligencia que reduzca mi fantasma al estado de lugar común. Alguna inteligencia más serena, más lógica y mucho menos excitable que la mía, encontrará tan solo en las circunstancias que relato con terror una serie normal de causas y de efectos naturalísimos.

La docilidad y humanidad de mi carácter sorprendieron desde mi infancia. Tan notable era la ternura de mi corazón, que había hecho de mí el juguete de mis amigos. Sentía una auténtica pasión por los animales, y mis padres me permitieron poseer una gran variedad de favoritos. Casi todo el tiempo lo pasaba con ellos, y nunca me consideraba tan feliz como cuando les daba de comer o los acariciaba. Con los años aumentó esta particularidad de mi carácter, y cuando fui hombre hice de ella una de mis principales fuentes de goce. Aquellos que han profesado afecto a un perro fiel y sagaz no requieren la explicación de la naturaleza o intensidad de los goces que eso puede producir. En el amor desinteresado de un animal, en el sacrificio de sí mismo, hay algo que llega directamente al corazón del que con frecuencia ha tenido ocasión de comprobar la amistad mezquina y la frágil fidelidad del *Hombre* natural.

Me casé joven. Tuve la suerte de descubrir en mi mujer una disposición semejante a la mía. Habiéndose dado cuenta de mi gusto por estos favoritos domésticos, no perdió ocasión alguna de proporcionármelos de la especie más agradable. Tuvimos pájaros, un pez de color de oro, un magnífico perro, conejos, un mono pequeño y un *gato*.

Era este último animal muy fuerte y bello, completamente negro y de una sagacidad maravillosa. Mi mujer, que era, en el fondo, algo supersticiosa, hablando de su inteligencia, aludía frecuentemente a la antigua creencia popular que consideraba a todos los gatos negros como brujas disimuladas. No quiere esto decir que hablara siempre *en serio* sobre este particular, y lo consigno sencillamente porque lo recuerdo.

Pluto –así se llamaba el gato– era mi predilecto amigo. Solo yo le daba de comer, y adondequiera que fuese me seguía por la casa. Incluso me costaba trabajo impedirle que me fuera siguiendo por las calles.

Nuestra amistad subsistió así algunos años, durante los cuales mi carácter y mi temperamento –me sonroja confesarlo–, por causa del demonio de la intemperancia, sufrió una alteración radicalmente funesta. De día en día me hice más taciturno, más irritable, más indiferente a los sentimientos ajenos. Empleé con mi mujer un lenguaje brutal, y con el tiempo la afligí incluso con violencias personales. Naturalmente, mis pobres mascotas debieron de notar el cambio de mi carácter. No solamente no les hacía caso alguno, sino que los maltrataba.

Sin embargo, por lo que se refiere a Pluto, aún despertaba en mí la consideración suficiente para no pegarle. En cambio, no sentía ningún escrúpulo en maltratar a los conejos, al mono e incluso al perro, cuando, por casualidad o afecto, se cruzaban en mi camino. Pero iba secuestrándome mi mal, porque ¿qué mal admite una comparación con el alcohol? Andando el tiempo, el mismo Pluto, que envejecía y, naturalmente, se hacía un poco huraño, comenzó a conocer los efectos de mi perverso carácter.

Una noche, en ocasión de regresar a casa completamente ebrio, de vuelta de uno de mis frecuentes escondrijos del barrio, me pareció que el gato evitaba mi presencia. Lo cogí, pero él, horrorizado por mi violenta actitud, me hizo en la mano, con los dientes, una leve herida. De mí se apoderó repentinamente un furor demoníaco. En aquel instante dejé de conocerme. Pareció como si, de pronto, mi alma original hubiese abandonado mi cuerpo, y una ruindad superdemoníaca, saturada de ginebra, se filtró en cada una de las fibras de mi ser. Del bolsillo de mi chaleco saqué un cortaplumas, lo abrí, cogí al pobre animal por la garganta y, deliberadamente, le vacié un ojo... Me cubre el rubor, me abrasa, me estremezco al escribir esta abominable atrocidad.

Cuando, al amanecer, hube recuperado la razón, cuando se hubieron disipado los vapores de mi crápula nocturna, experimenté un sentimiento mitad horror, mitad remordimiento, por el crimen que había cometido. Pero, todo lo más, era un débil y equívoco sentimiento, y el alma no sufrió sus acometidas. Volví a sumirme en los excesos, y no tardé en ahogar en el vino todo el recuerdo de mi acción.

Curó entretanto el gato lentamente. La órbita del ojo perdido presentaba, es cierto, un aspecto espantoso. Pero después, con el tiempo, no pareció que se daba cuenta de ello. Según su costumbre, iba y venía por la casa; pero, como debí suponerlo, en cuanto veía que me aproximaba a él, huía aterrorizado. Me quedaba aún lo bastante de mi antiguo corazón para que me afligiera aquella manifiesta antipatía en una criatura que tanto me había amado anteriormente. Pero este sentimiento no tardó en ser desalojado por la irritación. Como para mi caída final e irrevocable, brotó entonces el espíritu de *perversidad*, espíritu del que la filosofía no se cuida ni poco ni mucho.

No obstante, tan seguro como que existe mi alma, creo que la perversidad es uno de los primitivos impulsos del corazón humano, una de esas indivisibles primeras facultades o sentimientos que dirigen el carácter del hombre... ¿Quién no se ha sorprendido numerosas veces cometiendo una acción necia o vil, por la única razón de que sabía que *no* debía cometerla? ¿No tenemos una constante inclinación, pese a lo excelente de nuestro juicio, a violar lo que es la ley, simplemente porque comprendemos que es la *Ley*?

Digo que este espíritu de perversidad hubo de producir mi ruina completa. El vivo e insondable deseo del alma de atormentarse a sí misma, de violentar su propia naturaleza, de hacer el mal por amor al mal, me impulsaba a continuar y últimamente a llevar a efecto el suplicio que había infligido al inofensivo animal. Una mañana, a sangre fría, ceñí un nudo corredizo en torno a su cuello y lo ahorqué de la rama de un árbol. Lo ahorqué con mis ojos llenos de lágrimas, con el corazón desbordante del más amargo remordimiento. Lo ahorqué porque sabía que él me había amado, y porque reconocía que no me había dado motivo alguno para encolerizarme con él. Lo ahorqué porque sabía que al hacerlo cometía un pecado, un pecado mortal que comprometía a mi alma inmortal, hasta el punto de colocarla, si esto fuera posible, lejos incluso de la misericordia infinita del muy terrible y misericordioso Dios.

En la noche siguiente al día en que fue cometida una acción tan cruel, me despertó del sueño el grito de: «¡Fuego!». Ardían las cortinas de mi lecho. La casa era una gran hoguera. No sin grandes dificultades, mi mujer, un criado y yo logramos escapar del incendio. La destrucción fue total. Quedé arruinado y me entregué desde entonces a la desesperación.

No intento establecer relación alguna entre causa y efecto con respecto a la atrocidad y el desastre. Estoy por encima de tal debilidad. Pero me limito a dar cuenta de una cadena de hechos y no quiero omitir el menor eslabón. Visité las ruinas el día siguiente al del incendio. Excepto una, todas las paredes se habían derrumbado. Esta sola excepción la constituía un delgado tabique interior, situado casi en la mitad de la casa, contra el que se apoyaba la cabecera de mi lecho. Allí la fábrica había resistido en gran parte a la acción del fuego, hecho que atribuí a haber sido renovada recientemente. En torno a aquella pared se congregaba la multitud, y numerosas personas examinaban una parte del muro con atención viva y minuciosa. Excitaron mi curiosidad las palabras: «extraño», «singular», y otras expresiones parecidas. Me acerqué y vi, a modo de un bajorrelieve esculpido sobre la blanca superficie, la figura de un gigantesco gato. La imagen estaba copiada con una exactitud realmente maravillosa. Rodeaba el cuello del animal una cuerda.

Apenas hube visto esta aparición –porque yo no podía considerar aquello más que como una aparición–, mi asombro y mi terror fueron extraordinarios. Por fin vino en mi amparo la reflexión. Recordaba que el gato había sido ahorcado en un jardín contiguo a la casa. A los gritos de alarma, el jardín fue invadido inmediatamente por la muchedumbre, y el animal debió de ser descolgado por alguien del árbol y arrojado a mi cuarto por una ventana abierta. Indudablemente se hizo esto con el fin de despertarme. El derrumbamiento de las restantes paredes habían comprimido a la víctima de mi crueldad en el yeso recientemente extendido. La cal del muro, en combinación con las llamas y el *amoníaco* del cadáver, produjo la imagen tal como yo la veía.

Aunque prontamente satisfice así a mi razón, ya que no por completo mi conciencia, no dejó, sin embargo, de grabar en mi imaginación una huella profunda el sorprendente caso que acabo de dar cuenta. Durante algunos meses no pude liberarme del fantasma del gato, y en todo este tiempo nació en mi alma una especie de sentimiento que se parecía, aunque no lo era, al remordimiento. Llegué incluso a lamentar la pérdida del animal y a buscar en torno mío, en los miserables tugurios que a la sazón frecuentaba, otro favorito de la misma especie y de facciones parecidas que pudiera sustituirlo.

Me hallaba sentado una noche, medio aturdido, en un bodegón infame, cuando atrajo repentinamente mi atención un objeto negro que yacía en lo alto de uno de los inmensos barriles de ginebra o ron que componían el mobiliario más importante de la sala. Hacía ya algunos momentos que miraba a lo alto del tonel, y me sorprendió no haber advertido el objeto colocado encima. Me acerqué a él y lo toqué. Era un gato negro, enorme, tan corpulento como Pluto, al que se parecía en todo menos en un pormenor: Pluto no tenía un solo pelo blanco en todo el cuerpo, pero este tenía una señal ancha y blanca, aunque de forma indefinida, que le cubría casi toda la región del pecho.

Apenas puse en él mi mano, se levantó repentinamente, ronroneando con fuerza, se restregó contra mi mano y pareció contento de mi atención. Era, pues, el animal que yo buscaba. Me apresuré a proponer al dueño su adquisición, pero este no tuvo interés alguno por el animal. Ni lo conocía ni lo había visto hasta entonces.

Continué acariciándolo, y cuando me disponía a regresar a mi casa, el animal se mostró dispuesto a seguirme. Se lo permití, e inclinándome de cuando en cuando, caminamos hacia mi casa acariciándolo. Cuando llegó a ella se encontró como si fuera la suya, y se convirtió rápidamente en el mejor amigo de mi mujer.

Por mi parte, no tardó en formarse en mí una antipatía hacia él. Era, pues, precisamente, lo contrario de lo que yo había esperado. No sé cómo ni por qué sucedió esto, pero su evidente ternura me enojaba y casi me fatigaba. Paulatinamente, estos sentimientos de disgusto y fastidio se acrecentaron hasta convertirse en la amargura del odio. Yo evitaba su presencia. Una especie de vergüenza, y el recuerdo de mi primera crueldad, me impidieron que lo maltratara. Durante algunas semanas me abstuve de pegarle o de tratarlo con violencia; pero gradual, insensiblemente, llegué a sentir por él un horror indecible, y a eludir en silencio, como si huyera de la peste, su odiosa presencia.

Sin duda, lo que aumentó mi odio por el animal fue el descubrimiento que hice a la mañana del siguiente día de haberlo llevado a casa. Como Pluto, también él había sido privado de uno de sus ojos. Sin embargo, esta circunstancia contribuyó a hacerlo más grato a mi mujer, que, como he dicho ya, poseía grandemente la ternura de sentimientos que fue en otro tiempo mi rasgo característico y el frecuente manantial de mis placeres más sencillos y puros.

Sin embargo, el cariño que el gato me demostraba parecía crecer en razón directa de mi odio hacia él. Con una tenacidad imposible de hacer comprender al lector, seguía constantemente mis pasos. En cuanto me sentaba, se acurrucaba bajo mi silla, o saltaba sobre mis rodillas, cubriéndome con sus caricias espantosas. Si me levantaba para andar, se metía entre mis piernas y casi me derribaba, o bien, clavando sus largas y agudas garras en mi ropa, trepaba por ellas hasta mi pecho. En esos instantes, aun cuando hubiera querido matarlo de un golpe, me lo impedía en parte el recuerdo de mi primer crimen; pero, sobre todo, me apresuro a confesarlo, el verdadero *terror* del animal.

Este terror no era positivamente el de un mal físico, y, no obstante, me sería muy difícil definirlo de otro modo. Casi me avergüenza confesarlo. Aun en esta celda de malhechor, casi me avergüenza confesar que el horror y el pánico que me inspiraba el animal se habían acrecentado a causa de una de las fantasías más perfectas que es posible imaginar. Mi mujer, no pocas veces, había llamado mi atención con respecto al carácter de la mancha blanca de que he hablado y que constituía la única diferencia perceptible entre el animal extraño y aquel que había matado yo. Recordará, sin duda, el lector que esta señal, aunque grande, tuvo primitivamente una forma indefinida. Pero lenta, gradualmente, por fases imperceptibles y que mi razón se esforzó durante largo tiempo en considerar como imaginaria, había concluido adquiriendo una nitidez rigurosa de contornos.

En ese momento era la imagen de un objeto que me hace temblar nombrarlo. Era, sobre todo, lo que me hacía mirarlo como a un monstruo de horror y repugnancia, y lo que, si me hubiera atrevido, me hubiese impulsado a librarme de él. Era ahora, digo, la imagen de una cosa abominable y siniestra: la imagen ¡de la *horca*! ¡Oh lúgubre y terrible máquina, máquina de espanto y crimen, de muerte y agonía!

Yo era entonces, en verdad, un miserable, más allá de la miseria posible de la humanidad. Una *bestia bruta*, cuyo hermano fue aniquilado por mí con desprecio; una *bestia bruta* engendraba en mí, en mí, hombre formado a imagen del Altísimo, tan grande e intolerable infortunio. ¡Ay! Ni de día ni de noche conocía yo la paz del descanso. Ni un solo instante, durante el día, me dejaba el animal. Y de noche, a cada momento, cuando salía de mis sueños lleno de indefinible angustia, era tan solo para sentir el aliento tibio de *la cosa* sobre mi rostro, y su enorme peso, encarnación de una pesadilla que yo no podía separar de mí y que parecía eternamente posada en *mi corazón*.

Bajo tales tormentos sucumbió lo poco que había de bueno en mí. Infames pensamientos se convirtieron en mis íntimos; los más sombríos, los más infames de todos los pensamientos. La tristeza de mi humor de costumbre se acrecentó hasta hacerme aborrecer a todas las cosas y a la humanidad entera. Mi mujer, sin embargo, no se quejaba nunca. ¡Ay! Era mi paño de lágrimas de siempre. La más paciente víctima de las repentinas, frecuentes e indomables expansiones de una furia a la que ciegamente me abandoné desde entonces.

Para un quehacer doméstico, me acompañó un día al sótano de un viejo edificio en el que nos obligara a vivir nuestra pobreza. Por los agudos peldaños de la escalera me seguía el gato, y, habiéndome hecho tropezar de cabeza, me exasperó hasta la locura. Apoderándome de un hacha y olvidando en mi furor el espanto pueril que había detenido hasta entonces mi mano, dirigí un golpe al animal, que hubiera sido mortal si lo hubiera alcanzado como quería. Pero la mano de mi mujer detuvo el golpe. Una rabia más que diabólica me produjo esta intervención. Liberé mi brazo del obstáculo que lo detenía y le hundí a ella el hacha en el cráneo. Mi mujer cayó muerta instantáneamente, sin exhalar siquiera un gemido.

Realizado el horrible asesinato, inmediata y resueltamente procuré esconder el cuerpo. Me di cuenta de que no podía hacerlo desaparecer de la casa, ni de día ni de noche, sin correr el riesgo de que se enteraran los vecinos. Asaltaron mi mente varios proyectos. Pensé por un instante en fragmentar el cadáver y arrojar al suelo los pedazos. Resolví después cavar una fosa en el piso de la cueva. Luego pensé arrojarlo al pozo del jardín. Cambié la idea y decidí embalarlo en un cajón, como una mercancía, en la forma de costumbre, y encargar a un mandadero que se lo llevase de casa. Pero, por último, me detuve ante un proyecto que consideré el más factible. Me decidí a emparedarlo en el sótano, como se dice que hacían en la Edad Media los monjes con sus víctimas.

La cueva parecía estar construida a propósito para semejante proyecto. Los muros no estaban levantados con el cuidado de costumbre, y no hacía mucho tiempo habían sido cubiertos en toda su extensión por una capa de yeso que no dejó endurecer la humedad.

Por otra parte, había un saliente en uno de los muros, producido por una chimenea artificial o especie de hogar que quedó luego tapado y dispuesto de la misma forma que el resto del sótano. No dudé que me sería fácil quitar los ladrillos de aquel sitio, colocar el cadáver y emparedarlo del mismo modo, de forma que ninguna mirada pudiese descubrir nada sospechoso.

No me engañó mi cálculo. Ayudado por una palanca,

separé sin dificultad los ladrillos, y, habiendo luego aplicado cuidadosamente el cuerpo contra la pared interior, lo sostuve en esta postura hasta poder restablecer sin gran esfuerzo toda la fábrica a su estado primitivo. Con todas las precauciones imaginables, me procuré una argamasa de cal y arena, preparé una capa que no podía distinguirse de la primitiva y cubrí escrupulosamente con ella el nuevo tabique.

Cuando terminé, vi que todo había resultado perfecto. La pared no presentaba la más leve señal de arreglo. Con el mayor cuidado barrí el suelo y recogí los escombros, miré triunfalmente en torno mío y me dije: «Por lo menos, aquí, mi trabajo no ha sido infructuoso».

Mi primera idea, entonces, fue buscar al animal que había sido el causante de tan tremenda desgracia, porque, al fin, había resuelto matarlo. Si en aquel momento hubiera podido encontrarlo, nada hubiese evitado su destino. Pero parecía que el artificioso animal, ante la violencia de mi cólera, se había alarmado y procuraba no presentarse ante mí, desafiando mi mal humor. Imposible describir o imaginar la intensa, la apacible sensación de alivio que trajo a mi corazón la ausencia de la detestable criatura. En toda la noche no se presentó, y esta fue la primera que gocé desde su entrada en la casa, durmiendo tranquila y profundamente. Sí; *dormí* con el peso de aquel asesinato en mi alma.

Transcurrieron el segundo y el tercer día. Mi verdugo no vino, sin embargo. Como un hombre libre, respiré una vez más. En su terror, el monstruo había abandonado para siempre aquellos lugares. Ya no volvería a verlo nunca. Mi dicha era infinita. Me inquietaba muy poco la criminalidad de mi tenebrosa acción. Se incoó una especie de sumario que apuró poco las averiguaciones. También se dispuso un reconocimiento, pero, naturalmente, nada podía descubrirse. Yo daba por asegurada mi felicidad futura.

Al cuarto día después de haberse cometido el asesinato, se presentó inopinadamente en mi casa un grupo de agentes de policía y procedió de nuevo a una rigurosa investigación del local. Sin embargo, confiado en lo impenetrable del escondite, no experimenté ninguna turbación.

Los agentes quisieron que los acompañase en sus pesquisas. Fue explorado hasta el último rincón. Por tercera o cuarta vez bajaron por último a la cueva. No me alteré lo más mínimo. Como el de un hombre que reposa en la inocencia, mi corazón latía pacíficamente. Recorrí el sótano de punta a punta, crucé los brazos sobre el pecho y me paseé indiferente de un lado a otro. Plenamente satisfecha, la policía se disponía a abandonar la casa. Era demasiado intenso el júbilo de mi corazón para que pudiera reprimirlo. Sentía la viva necesidad de decir una palabra, una palabra tan solo, a modo de triunfo, y hacer doblemente evidente su convicción con respecto a mi inocencia.

–Señores –dije, por último, cuando los agentes subían la escalera–, es para mí una gran satisfacción haber desvanecido sus sospechas. Deseo a todos ustedes una buena salud y un poco más de cortesía. Dicho sea de paso, señores, tienen ustedes aquí una casa muy bien construida. –Apenas sabía lo que hablaba, en mi furioso deseo de decir algo con aire deliberado–. Puedo asegurar que esta es una casa excelentemente construida. Estos muros... ¿Se van ustedes, señores? Estos muros están construidos con una gran solidez.

Entonces, por una fanfarronada frenética, golpeé con fuerza, con un bastón que tenía en la mano en ese momento, precisamente sobre la pared del tabique tras el cual yacía la esposa de mi corazón.

¡Ah! Que por lo menos Dios me proteja y me libre de las garras del archidemonio. Apenas se hubo hundido en el silencio el eco de mis golpes, me respondió una voz desde el fondo de la tumba. Era primero una queja, velada y entrecortada como el sollozo de un niño. Después, enseguida, se hinchó en un grito prolongado, sonoro y continuo, completamente anormal e inhumano. Un alarido, un aullido mitad horror, mitad triunfo, como solamente puede brotar del infierno, horrible armonía que surgiera al unísono de las gargantas de los condenados en sus torturas y de los demonios que gozaban en la condenación.

Sería una locura expresaros mis pensamientos. Me sentí desfallecer y, tambaleándome, caí contra la pared opuesta. Durante un instante se detuvieron en los escalones los agentes. El terror los había dejado atónitos. Un momento después, doce brazos robustos atacaron la pared, que cayó a tierra de un golpe. El cadáver, muy desfigurado ya y cubierto de sangre coagulada, apareció, rígido, a los ojos de los circunstantes.

Sobre su cabeza, con las rojas fauces dilatadas y llameando el único ojo, se posaba el odioso animal cuya astucia me llevó al asesinato y cuya reveladora voz me entregaba al verdugo. Yo había emparedado al monstruo en la tumba.

[Trad. de Fernando Gutiérrez y Diego Navarro]

El caso del señor Valdemar

Publicada a finales de 1845, esta repugnante obra maestra ahonda aún más en uno de los temas previamente aludidos en «Revelación mesmérica». No ha de sorprender el hecho de que por lo menos un editor rechazara el manuscrito, pero sí resulta chocante que algunos de sus primeros lectores creyeran que la historia era real, algo que Poe ni siquiera había llegado a conjeturar.

El marco temático del cuento está basado en la carta del doctor A. Sidney Doane, del 32 de Warren Street, Nueva York, impresa en la edición del Broadway Journal *correspondiente al 1 de febrero de 1845. El médico describía el caso de una paciente que había sido operada de un tumor en el cuello mientras se encontraba en un estado de hipnotización profunda inducido por el doctor S. Vital Bodinier. La intervención quirúrgica, en palabras del propio Doane, parecía que estaba siendo practicada «más a un cadáver que a un ser vivo».*

Otras fuentes de inspiración podrían haber sido la cuarta edición del ensayo Facts in Mesmerism *(1844), de Chauncey Hare Townshend, y la conclusión de* The Seeress of Prevorst *(1845), de Justinus Andreas Kerner, publicitado en las páginas del* Broadway Journal *al poco tiempo de su impresión.*

Como sucediera con «Revelación mesmérica», la fiebre de interés que suscitaba la doctrina del mesmerismo propició que «El caso del señor Valdemar» fuera tomado por un estudio más que por un relato ficcional, si bien las intenciones de Poe no apuntaban en tal dirección, como sí lo hacían en el otro escrito. En cualquier caso estas sí pretendían edificar un relato verosímil y, gracias a ellas, consiguió un éxito extraordinario que cruzó el Atlántico en pocos meses.

No pretenderé, naturalmente, opinar que no exista motivo alguno para asombrarse de que el caso extraordinario del señor Valdemar haya promovido una discusión. Sería un milagro que no hubiera sucedido así, especialmente en tales circunstancias. El deseo de todas las partes interesadas es mantener el asunto oculto al público, al menos hasta el presente o hasta que haya alguna oportunidad ulterior para otra investigación, y nuestros esfuerzos a ese efecto han dado lugar a un relato mutilado o exagerado que se ha abierto camino entre la gente, y que llegará a ser el origen de muchas falsedades desagradables, y, como es natural, de un gran descrédito.

Se ha hecho hoy necesario que exponga *los hechos*, hasta donde los comprendo yo mismo. Helos sucintamente aquí:

Durante estos tres últimos años ha sido repetidamente atraída mi atención por el tema del mesmerismo o magnetismo animal, y hace nueve meses, aproximadamente, se me ocurrió de pronto que en la serie de experimentos efectuados hasta ahora existía una muy notable y muy inexplicable omisión: nadie había sido aún magnetizado *in articulo mortis*. Quedaba por ver, primero, si en semejante estado existía en el paciente alguna sensibilidad a la influencia magnética; en segundo lugar, si, en caso afirmativo, estaba atenuada o aumentada por ese estado; en tercer lugar, cuál es la extensión y por qué período de tiempo pueden ser detenidas las intrusiones de la muerte con ese procedimiento. Había otros puntos que determinar; pero eran estos los que más excitaban mi curiosidad; el último en particular, dado el carácter enormemente importante de sus consecuencias.

Buscando a mi alrededor algún sujeto por medio del cual pudiese comprobar esas particularidades, acabé por pensar en mi amigo el señor Ernest Valdemar, compilador muy conocido de la Biblioteca Forensica y autor (bajo el *nom de plume* de Issachar Marx) de las traducciones polacas de *Wallenstein* y de *Gargantúa*. El señor Valdemar, que había residido principalmente en Harlem, N. Y., desde el año de 1839, es (o era) notable sobre todo por la excesiva delgadez de su persona –sus miembros inferiores se parecían mucho a los de John Randolph– y también por la blancura de sus cabellos, que, a causa de esa blancura, se confundían de ordinario con una peluca. De marcado temperamento nervioso, esto le hacía ser un buen sujeto para las experiencias magnéticas. En dos o tres ocasiones le había yo dormido sin dificultad; pero me sentí defraudado en cuanto a otros resultados que su peculiar constitución me había hecho, por supuesto, esperar. Su voluntad no quedaba bajo mi influencia, y respecto a la *clairvoyance*,[1] no pude realizar con él nada digno de mención. Había yo atribuido siempre mi fracaso a esas cuestiones relacionadas con la alteración de su salud. Algunos meses antes de conocerle, sus médicos le habían diagnosticado una tisis comprobada. Era, en realidad, costumbre suya hablar con toda tranquilidad de su cercano fin como de una cuestión que no podía ni evitarse ni lamentarse.

Respecto a esas ideas a que he aludido antes, cuando se me ocurrieron por primera vez, pensé, como era natural, en el señor Valdemar. Conocía yo la firme filosofía de aquel hombre para temer cualquier clase de escrúpulos por su parte, y no tenía él parientes en Estados Unidos que pudiesen, probablemente, intervenir. Le hablé con toda franqueza del asunto, y ante mi sorpresa, su interés pareció muy excitado. Digo ante mi sorpresa, pues aunque hubiese él cedido siempre su per-

1. «Clarividencia.» *(N. del T.)*

sona por libre albedrío para mis experimentos, no había demostrado nunca hasta entonces simpatía por mis trabajos. Su enfermedad era de las que no admiten un cálculo exacto con respecto a la época de su término mortal. Quedó, por último, convenido entre nosotros que me mandaría llamar veinticuatro horas antes del período anunciado por sus médicos como el de su muerte.

Hace más de siete meses que recibí la siguiente esquela del propio señor Valdemar:

> Mi querido P.
>
> Puede usted venir ahora. D. y F. están de acuerdo en que no llegaré a las doce de la noche de mañana y creo que han acertado con el plazo exacto o poco menos.
>
> VALDEMAR

Recibí esta esquela una media hora después de haber sido escrita, y a los quince minutos todo lo más, me encontraba en la habitación del moribundo. No le había visto en diez días, y me quedé aterrado de la espantosa alteración que en tan breve lapso se había producido en él. Su cara tenía un color plomizo, sus ojos estaban completamente apagados, y su delgadez era tan extremada, que los pómulos habían perforado la piel. Su expectoración era excesiva. El pulso, apenas perceptible. Conservaba, sin embargo, de una manera muy notable sus facultades mentales y alguna fuerza física. Hablaba con claridad, tomaba algunas medicinas calmantes sin ayuda de nadie, y cuando entré en la habitación, se ocupaba en escribir a lápiz unas notas en un cuadernillo de bolsillo. Estaba incorporado en la cama gracias a unas almohadas. Los doctores D. y F. le prestaban asistencia.

Después de haber estrechado la mano del señor Valdemar, llevé a aquellos caballeros aparte y obtuve un minucioso informe del estado del paciente. El pulmón izquierdo se hallaba desde hacía ocho meses en un estado semióseo o cartilaginoso y era, por consiguiente, de todo punto inútil para cualquier función vital. El derecho, en su parte superior, estaba también parcial, si no totalmente osificado, mientras la región inferior era solo una masa de tubérculos purulentos, conglomerados. Existían varias perforaciones extensivas, y en cierto punto había una adherencia permanente de las costillas. Estas manifestaciones en el lóbulo derecho eran de fecha relativamente reciente. La osificación había avanzado con una inusitada rapidez; no se había descubierto ningún signo un mes antes, y la adherencia no había sido observada hasta tres días antes. Con independencia de la tisis, se sospechaba un aneurisma de la aorta en el paciente; pero sobre este punto, los síntomas de osificación hacían imposible un diagnóstico exacto. En opinión de los dos médicos, el señor Valdemar moriría alrededor de medianoche del día siguiente (domingo). Eran entonces las siete de la tarde del sábado.

Al separarse de la cabecera del doliente para hablar conmigo, los doctores D. y F. le dieron un supremo adiós. No tenían intención de volver; pero, a requerimiento mío, consintieron en venir a visitar de nuevo al paciente hacia las diez de la noche inmediata.

Cuando se marcharon hablé libremente con el señor Valdemar sobre su cercana muerte, así como en especial del experimento proyectado. Se mostró decidido a ello con la mejor voluntad, ansioso de efectuarlo, y me apremió para que comenzase enseguida. Estaban allí para asistirle un criado y una sirvienta; pero no me sentí bastante autorizado para comprometerme en una tarea de aquel carácter sin otros testimonios de mayor confianza que el que pudiesen aportar aquellas personas en caso de accidente repentino. Iba a aplazar, pues, la operación hasta las ocho de la noche siguiente, cuando la llegada de un estudiante de Medicina, con quien tenía yo cierta amistad (el señor Theodore L.), me sacó por completo de apuros. Mi primera intención fue esperar a los médicos; pero me indujeron a obrar enseguida, en primer lugar, los apremiantes ruegos del señor Valdemar, y en segundo lugar, mi convicción de que no podía perder un momento, pues aquel hombre se iba por la posta.

El señor L. fue tan amable, que accedió a mi deseo de que tomase notas de todo cuanto ocurriese, y gracias a su memorando puedo ahora relatarlo en su mayor parte, condensando o copiando al pie de la letra.

Faltarían unos cinco minutos para las ocho, cuando cogiendo la mano del paciente, le rogué que manifestase al señor L., lo más claramente que le permitiera su estado, que él (el señor Valdemar) tenía un firme deseo de que realizara yo el experimento de magnetización sobre su persona en aquel estado.

Replicó él, débilmente, pero de un modo muy audible:

–Sí, deseo ser magnetizado –añadiendo al punto–: Temo que lo haya usted diferido demasiado.

Mientras hablaba así, comencé a dar los pases que sabía ya eran los más eficaces para dominarle. Estaba él, sin duda, influido por el primer pase lateral de mi mano de parte a parte de su cabeza; pero, aunque ejercité todo mi poder, no se manifestó ningún efecto hasta unos minutos después de las diez, en que los doctores D. y F. llegaron, de acuerdo con la cita. Les expliqué en pocas palabras lo que me proponía hacer, y como ellos no opusieron ninguna objeción, diciendo que el paciente estaba ya en la agonía, proseguí, sin vacilación, cambiando, no obstante, los pases laterales por otros hacia abajo, dirigiendo exclusivamente mi mirada a los ojos del paciente.

Durante ese rato era imperceptible su pulso, y su respiración estertorosa y con intervalos de medio minuto.

Aquel estado continuó inalterable casi durante un cuarto de hora. Al terminar este tiempo, empero, se escapó del pecho del moribundo un suspiro natural, aunque muy hondo, y cesó la respiración estertorosa, es decir, no fue ya sensible aquel estertor; no disminuían los intervalos. Las extremidades del paciente estaban frías como el hielo.

A las once menos cinco percibí signos inequívocos de la

influencia magnética. El movimiento giratorio de los ojos vidriosos se convirtió en esa expresión de desasosegado examen *interno* que no se ve nunca más que en los casos de sonambulismo, y que no se puede confundir. Con unos pocos pases laterales rápidos hice estremecerse los párpados, como en un sueño incipiente, y con otros cuantos más se los hice cerrar. No estaba yo satisfecho con esto, a pesar de todo, por lo que proseguí mis manipulaciones de manera enérgica y con el más pleno esfuerzo de voluntad, hasta que hube dejado bien rígidos los miembros del durmiente, después de colocarlos en una postura cómoda, al parecer. Las piernas estaban estiradas por entero; los brazos, casi lo mismo, descansando sobre el lecho a una distancia media de los riñones. La cabeza estaba ligeramente levantada.

Cuando hube realizado esto eran las doce dadas, y rogué a los caballeros allí presentes que examinasen el estado del señor Valdemar. Después de varias pruebas, reconocieron que se hallaba en un inusitado y perfecto estado de trance magnético. La curiosidad de ambos médicos estaba muy excitada. El doctor D. decidió enseguida permanecer con el paciente toda la noche, mientras el doctor F. se despidió, prometiendo volver al despuntar el día. El señor L. y los criados se quedaron allí.

Dejamos al señor Valdemar completamente tranquilo hasta cerca de las tres de la madrugada; entonces me acerqué a él, y le encontré en el mismo estado que cuando el doctor F. se marchó, es decir, tendido en la misma posición. Su pulso era imperceptible; la respiración, suave (apenas sensible, excepto al aplicarle un espejo sobre la boca); los ojos estaban cerrados con naturalidad, y los miembros, tan rígidos y fríos como el mármol. A pesar de todo, el aspecto general no era en modo alguno el de la muerte.

Al acercarme al señor Valdemar hice una especie de semiesfuerzo para que su brazo derecho siguiese el mío durante los movimientos que este ejecutaba sobre uno y otro lado de su persona. En experimentos semejantes con el paciente no había tenido nunca un éxito absoluto, y de seguro no pensaba tenerlo ahora tampoco; pero, para sorpresa mía, su brazo siguió con la mayor facilidad, aunque débilmente, todas las direcciones que le indicaba yo con el mío. Decidí arriesgar unas cuantas palabras de conversación.

–Señor Valdemar –dije–, ¿duerme usted?

No respondió, pero percibí un temblor en sus labios, y eso me indujo a repetir la pregunta una y otra vez. A la tercera, todo su ser se agitó con un ligero estremecimiento; los párpados se levantaron por sí mismos hasta descubrir una línea blanca del globo; los labios se movieron perezosamente, y por ellos, en un murmullo apenas audible, salieron estas palabras:

–Sí, duermo ahora. ¡No me despierte!... ¡Déjeme morir así!

Palpé sus miembros y los encontré más rígidos que nunca. El brazo derecho, como antes, obedecía la dirección de mi mano... Pregunté al sonámbulo de nuevo:

–¿Sigue usted sintiendo dolor en el pecho, señor Valdemar?

La respuesta fue ahora inmediata, pero menos audible que antes:

–No siento dolor... ¡Estoy muriendo!

No creí conveniente molestarle más, por el momento, y no se dijo ni se hizo ya nada hasta la llegada del doctor F., que precedió un poco a la salida del sol; manifestó su asombro sin límites al encontrar al paciente todavía vivo. Después de tomarle el pulso y de aplicar un espejo a sus labios, me rogó que hablase de nuevo al sonámbulo. Así lo hice, diciendo:

–Señor Valdemar, ¿sigue usted dormido?

Como antes, pasaron algunos minutos hasta que llegó la respuesta, y durante ese intervalo el yacente pareció reunir sus energías para hablar. Al repetirle por cuarta vez la pregunta, dijo él muy débilmente, de un modo casi ininteligible:

–Sí, duermo aún... Muero.

Fue entonces opinión o más bien deseo de los médicos que se dejase al señor Valdemar permanecer sin molestarle en su actual y, al parecer, tranquilo estado, hasta que sobreviniese la muerte, lo cual debía de tener lugar, a juicio unánime de ambos, dentro de escasos minutos. Decidí, con todo, hablarle una vez más, repitiéndole simplemente mi pregunta anterior.

Cuando lo estaba haciendo se produjo un marcado cambio en la cara del sonámbulo. Los ojos giraron en sus órbitas despacio, las pupilas desaparecieron hacia arriba, la piel tomó un tinte general cadavérico, pareciendo no tanto un pergamino como un papel blanco, y las manchas héticas circulares, que antes estaban muy marcadas en el centro de cada mejilla, *se disiparon* de súbito. Empleo esta expresión porque lo repentino de su desaparición me hizo pensar en una vela apagada de un soplo. El labio superior al mismo tiempo se retorció, alzándose sobre los dientes, que hacía un instante cubría por entero, mientras la mandíbula inferior cayó con una sacudida perceptible, dejando la boca abierta por completo y al descubierto, a simple vista, la lengua hinchada y negruzca. Supongo que todos los presentes estaban acostumbrados a los horrores de un lecho mortuorio; pero el aspecto del señor Valdemar era en aquel momento tan espantoso y tan fuera de lo imaginable, que hubo un retroceso general alrededor del lecho.

Noto ahora que he llegado a un punto de este relato en que todo lector, sobrecogido, me negará crédito. Es mi tarea, no obstante, proseguir haciéndolo.

No había ya en el señor Valdemar el menor signo de vitalidad, y llegando a la conclusión de que había muerto, le dejábamos a cargo de los criados, cuando observamos un fuerte movimiento vibratorio en la lengua. Duró esto quizá un minuto. Al transcurrir, de las separadas e inmóviles mandíbulas salió una voz tal, que sería locura intentar describirla. Hay, en puridad, dos o tres epítetos que podrían serle aplicados en cierto modo: puedo decir, por ejemplo, que aquel sonido era áspero, desgarrado y hueco; pero el espantoso conjunto era indescriptible, por la sencilla razón de que sonidos análogos no han hecho vibrar nunca el oído de la humanidad. Había, sin embargo, dos particularidades que –así lo pensé entonces, y lo sigo pensando– pueden ser tomadas justamente como características de la entonación, como apropiadas para dar una idea de su espantosa peculiaridad. En primer lugar la voz parecía llegar a nuestros oídos –por lo menos, a los míos– desde una gran distancia o desde alguna profunda caverna subterránea. En segundo lugar, me impresionó (temo realmente que me sea imposible hacerme comprender) como las materias gelatinosas o viscosas impresionan el sentido del tacto.

He hablado a la vez de «sonido» y de «voz». Quiero decir que el sonido era de un silabeo claro, o aún más, asombrosa, espeluznantemente claro. El señor Valdemar *hablaba*, sin duda, respondiendo a la pregunta que le había yo hecho minutos antes. Le había preguntado, como se recordará, si seguía dormido. Y él dijo ahora:

–Sí, no; *he dormido...*, y ahora, ahora *estoy muerto.*

Ninguno de los presentes fingió nunca negar o intentó reprimir el indescriptible y estremecido horror que esas pocas palabras, así proferidas, tan bien calculadas, le produjeron. El señor L. (el estudiante) se desmayó. Los criados huyeron inmediatamente de la habitación, y no pudimos inducirlos a volver a ella. No pretendo hacer inteligibles para el lector mis propias impresiones. Durante una hora casi nos afanamos juntos, en silencio –sin pronunciar una palabra– nos esforzamos en hacer revivir al señor L. Cuando volvió en sí proseguimos juntos de nuevo el examen del estado del señor Valdemar.

Seguía bajo todos los aspectos tal como he descrito últimamente, a excepción de que el espejo no recogía ya señal de respiración. Una tentativa de sangría en el brazo falló. Debo mencionar también que ese miembro no estaba ya sujeto a mi voluntad. Me esforcé en balde por que siguiera la dirección de mi mano. La única señal real de influencia magnética se manifestaba ahora en el movimiento vibratorio de la lengua cada vez que dirigía yo una pregunta al señor Valdemar. Parecía él hacer un esfuerzo para contestar, pero no tenía ya la suficiente voluntad. A las preguntas que le hacía cualquier otra persona que no fuese yo, parecía absolutamente insensible, aunque procuré poner a cada miembro de aquella reunión en *relación* magnética con él. Creo que he relatado cuanto es necesario para hacer comprender el estado del sonámbulo en aquel período. Buscamos otros enfermeros, y a las diez salí de la casa en compañía de los dos médicos y del señor L.

Por la tarde volvimos todos a ver al paciente. Su estado seguía siendo exactamente el mismo. Tuvimos entonces una discusión sobre la conveniencia y la posibilidad de despertarle, pero nos costó poco trabajo ponernos de acuerdo en que no serviría de nada hacerlo. Era evidente que, hasta entonces, la muerte (o lo que suele designarse con el nombre de muerte) había sido detenida por la operación magnética. Nos pareció claro a todos que el despertar al señor Valdemar sería, sencillamente, asegurar su instantáneo o, por lo menos, su rápido fin.

Desde ese período hasta la terminación de la semana última *–en un intervalo de casi siete meses–* seguimos reuniéndonos todos los días en casa del señor Valdemar, de cuando en cuando acompañados de médicos y otros amigos. Durante todo ese tiempo, el sonámbulo seguía estando *exactamente* tal como he descrito ya. La vigilancia de los enfermeros era continua.

Fue el viernes último cuando decidimos, por fin, efectuar el experimento de despertarle, o de intentar despertarle, y es acaso el deplorable resultado de este último experimento el que ha dado origen a tantas discusiones en los círculos privados, en muchas de las cuales no puedo por menos de ver una credulidad popular injustificable.

A fin de sacar al señor Valdemar del estado de trance magnético, empleé los acostumbrados pases. Durante un rato resultaron infructuosos. La primera señal de su vuelta a la vida se manifestó por un descenso parcial del iris. Observamos como algo especialmente notable que ese descenso de la pupila iba acompañado de un derrame abundante de un licor amarillento (por debajo de los párpados) con un olor acre muy desagradable.

Me sugirieron entonces que intentase influir sobre el brazo del paciente, como en los pasados días. Lo intenté y fracasé. El doctor F. expresó su deseo de que le dirigiese una pregunta. Lo hice del modo siguiente:

–Señor Valdemar, ¿puede usted explicarnos cuáles son ahora sus sensaciones o deseos?

Hubo una reaparición instantánea de los círculos héticos sobre sus mejillas; la lengua se estremeció, o más bien se enrolló violentamente en la boca (aunque las mandíbulas y los labios siguieron tan rígidos como antes), y, por último, la misma horrenda voz que ya he descrito antes prorrumpió:

–¡Por amor de Dios!... Deprisa..., deprisa..., hágame dormir o despiérteme deprisa..., ¡deprisa!... *¡Le digo que estoy muerto!*

Estaba yo acobardado a más no poder, y durante un momento permanecí indeciso sobre lo que debía hacer. Intenté primero un esfuerzo para calmar al paciente, pero al fracasar, en vista de aquella total suspensión de la voluntad, cambié de sistema, y luché denodadamente por despertarle. Pronto vi que esta tentativa iba a tener un éxito completo, o, al menos, me imaginé que sería completo mi éxito, y estoy seguro de que todos los que permanecían en la habitación se preparaban a ver despertar al paciente.

Sin embargo, es de todo punto imposible que ningún ser humano estuviera preparado para lo que ocurrió en la realidad.

Cuando efectuaba yo los pases magnéticos, entre gritos de «¡Muerto, muerto!», que hacían por completo *explosión* sobre la lengua, y no sobre los labios del paciente, su cuerpo entero, de pronto, en el espacio de un solo minuto, o incluso en menos tiempo, se contrajo, se desmenuzó, se *pudrió* terminantemente bajo mis manos. Sobre el lecho, ante todos los presentes, yacía una masa casi líquida de repugnante, de aborrecible podredumbre.

[Trad. de Julio Gómez de la Serna]

El barril de amontillado

La presente es innegablemente una de las mejores historias de su autor y, a los ojos de muchos críticos, uno de sus más sofisticados cuentos de terror, al que nunca se ha llegado a superar en la sutileza de sus irónicos trazos. El eje central es un crimen llevado a cabo con éxito, y para muchos lectores recoge la fascinación por los delitos irresolutos, que aparecen frecuentemente en los periódicos. Tan simple síntesis, empero, resulta insuficiente: otros elementos, especialmente el moral, brotan magistralmente de la prosa de Poe. De este modo, este relato, en su superficie de tremenda amoralidad, quizá deba ser considerado el más moral de todos sus relatos.

La redacción de este cuento, entonces, debería traducirse como una especie de reto para su autor, como lo fueron en su momento las de «Berenice» y «William Wilson». En este caso, el detonante que dio inicio a la confección de la obra fue la disputa con Thomas Dunn English y Hiram Fuller, quien arremetió duramente contra Poe en un artículo del 26 de mayo en el New-York Mirror.

La historia es narrada con habilidad: las ofensas de la víctima no son reveladas. Sabemos que hubo un insulto y que hubo una injuria, pero el lector solo puede ser espectador del terrible incidente final. Si se incitan la compasión y el terror, es por el lado más oscuro de la naturaleza humana per se, ejemplificado a través de gente que no hemos conocido.

Es bien sabido que Poe guardaba mucho interés en los entierros en vida, y sabía de ellos hasta como forma de castigo: el caso de las sacerdotisas vestales romanas es un claro ejemplo. La mayor influencia del autor en lo referente a esta narración es, sea como sea, «A Man Built in a Wall», de Joel T. Headley (1844). También La Grande Bretèche *de Honoré de Balzac (1799-1850) se contaría entre sus fuentes de inspiración.*

Edgar Allan Poe escribió esta historia entre el verano y el otoño de 1846, que fue publicada por vez primera a finales de este mismo año.

Lo mejor que pude había soportado las mil injurias de Fortunato. Pero cuando llegó al insulto, juré vengarme. Vosotros, que conocéis tan bien la naturaleza de mi carácter, no llegaréis a suponer, no obstante, que pronunciara la menor palabra con respecto a mi propósito. *A la larga*, yo sería vengado. Este era ya un punto establecido definitivamente. Pero la misma decisión con que lo había resuelto excluía toda idea de peligro por mi parte. No solamente tenía que castigar, sino castigar impunemente. Una injuria queda sin reparar cuando su justo castigo perjudica al vengador. Igualmente queda sin reparación cuando este deja de dar a entender, a quien le ha agraviado, que es él quien se venga.

Es preciso entender bien que ni de palabra, ni de obra, di a Fortunato motivo alguno para que sospechara de mi buena voluntad hacia él. Continué, como de costumbre, sonriendo en su presencia, y él no podía advertir que mi sonrisa *entonces* tenía como origen en mí la idea de arrebatarle la vida.

Aquel Fortunato tenía un punto débil, aunque, en otros aspectos era un hombre digno de toda consideración, y aun de ser temido. Se enorgullecía siempre de ser un entendido en vinos. En realidad, pocos italianos tienen el verdadero talento de los catadores. En la mayoría, su entusiasmo se adapta con frecuencia a lo que el tiempo y la ocasión requieren, con objeto de dedicarse a engañar a los *millionaires* ingleses y austríacos. En pintura y piedras preciosas, Fortunato, como todos sus compatriotas, era un verdadero charlatán; pero, en cuanto a vinos añejos, era sincero. Con respecto a esto, yo no difería extraordinariamente de él. También yo era muy experto en lo que se refiere a vinos italianos, y siempre que se me presentaba ocasión compraba gran cantidad de estos.

Una tarde, casi al anochecer, en plena euforia del carnaval, encontré a mi amigo. Me cogió con excesiva cordialidad, había bebido mucho. El buen hombre estaba disfrazado de payaso. Llevaba un traje muy ceñido, un vestido con listas de colores, y en su cabeza un sombrero cónico adornado con cascabeles. Me alegré tanto de verle, que creí no haber estrechado jamás su mano como en aquel momento. Le dije:

–Querido Fortunato, le encuentro a usted muy a propósito. Pero ¡qué buen aspecto tiene usted hoy! El caso es que he recibido un barril de algo que llaman amontillado y tengo mis dudas.

–¿Cómo? –dijo él–. ¿Amontillado? ¿Un barril? ¡Imposible! ¡Y en pleno carnaval!

–Por eso mismo le digo que tengo mis dudas –contesté–, e iba a cometer la tontería de pagarlo como si se tratara de un exquisito amontillado, sin consultarle. No había modo de encontrarle a usted, y temía perder la ocasión.

–¡Amontillado!

–Tengo mis dudas.

–¡Amontillado!

–Y he de pagarlo.

–¡Amontillado!

–Como supuse que estaba usted muy ocupado, iba ahora a buscar a Luchesi. Él es un buen entendido. Él sabrá...

–Luchesi es incapaz, por sí mismo, de distinguir el amontillado del jerez.

–Y, no obstante, hay imbéciles que creen que su paladar puede competir con el de usted.

–Vamos, vamos allá.

–¿Adónde?

–A sus bodegas.

–No, mi querido amigo. No quiero abusar de su amabilidad. Preveo que tiene usted algún compromiso. Luchesi...

–No tengo ningún compromiso. Vamos.

–No, amigo mío. Aunque usted no tenga compromiso alguno, veo que tiene usted mucho frío. Las bodegas son terriblemente húmedas; materialmente están cubiertas de salitre.

–A pesar de todo, vamos. No importa el frío. ¡Amontillado! Le han engañado a usted, y Luchesi no sabe distinguir el jerez del amontillado.

Diciendo esto, Fortunato se cogió a mi brazo. Me puse un antifaz de seda negra y, ciñéndome bien al cuerpo mi *roquelaire*,[1] me dejé conducir por él hasta mi palacio.

Los criados no estaban en la casa. Habían escapado para celebrar la festividad de carnaval. Ya, antes, les había dicho que no volvieran hasta la mañana siguiente, y les había dado órdenes concretas para que no estorbaran por la casa. Estas órdenes eran suficientes, de sobra lo sabía yo, para asegurarme la inmediata desaparición de ellos en cuanto volviera las espaldas.

Cogí dos velas de sus candelabros, entregué a Fortunato una de ellas y le guié, haciéndole encorvarse a través de distintos aposentos, por el abovedado pasaje que conducía a la bodega. Bajé delante de él una larga y tortuosa escalera, recomendándole que adoptara precauciones al seguirme. Llegamos, por fin, a los últimos peldaños y nos encontramos, uno frente a otro, sobre el suelo húmedo de las catacumbas de los Montresor.

El andar de mi amigo era vacilante, y los cascabeles de su gorro cónico resonaban a cada una de sus zancadas.

–¿Y el barril? –preguntó.

–Está más allá –le contesté–. Pero aquí tiene usted esos blancos festones de telaraña que brillan en las paredes de la cueva.

Se volvió hacia mí y me miró con sus nubladas pupilas, que destilaban las lágrimas de la embriaguez.

1. «Capa». *(N. de los T.)*

–¿Salitre? –me preguntó, por fin.

–Salitre –le contesté–. ¿Hace mucho tiempo que tiene usted esa tos?

–¡Ejem! ¡Ejem! ¡Ejem! ¡Ejem! ¡Ejem! ¡Ejem! ¡Ejem! ¡Ejem!...

A mi pobre amigo le fue imposible contestar hasta pasados unos minutos.

–No es nada –dijo, por fin.

–Venga –le dije enérgicamente–. Volvámonos. Su salud es preciosa, amigo mío. Es usted rico, respetado, admirado, querido. Es usted feliz, como yo lo he sido en otro tiempo. No debe usted malograrse. Por lo que a mí respecta, es distinto. Vámonos. Podría usted enfermarse y no quiero cargar con esa responsabilidad. Además, cerca de aquí vive Luchesi...

–Basta –me dijo–. Esta tos no tiene ninguna importancia. No tenga usted cuidado. No me matará. No me moriré de tos.

–Verdad, verdad –le contesté–. Realmente, no era mi intención alarmarle sin motivo, pero debe tomar precauciones. Un trago de este Médoc le defenderá de la humedad.

Y diciendo esto rompí el cuello de una botella que se hallaba en una larga fila de otras análogas, tumbadas en el húmedo suelo.

–Beba –le dije, ofreciéndole el vino.

Se llevó la botella a los labios, mirándome de soslayo. Hizo una pausa y me saludó con familiaridad.

Los cascabeles sonaron.

–Bebo –dijo– a la salud de los enterrados que descansan en torno nuestro.

–Y yo por la larga vida de usted.

De nuevo se cogió de mi brazo y continuamos nuestro camino.

–Estas cuevas –me dijo– son muy grandes.

–Los Montresor –le contesté– era una grande y numerosa familia.

–He olvidado cuáles son sus armas.

–Un gran pie de oro en campo de azur. El pie aplasta a una serpiente rampante, cuyos dientes se clavan en el talón.

–¿Y cuál es la divisa?

–*Nemo me impune lacessit.*[2]

–¡Muy bien! –dijo.

Brillaba el vino en sus ojos y retiñían los cascabeles. También se caldeó mi fantasía a causa del Médoc. Por entre las murallas formadas por montones de esqueletos, mezclados con barriles y toneles, llegamos a los más profundos recintos de las catacumbas. Me detuve de nuevo, y esta vez me atreví a coger a Fortunato de un brazo, más arriba del codo.

–El salitre –le dije–. Vea usted cómo va aumentando. Como si fuera musgo, cuelga de las bóvedas. Ahora estamos bajo el lecho del río. Las gotas de humedad se filtran por entre los huesos. Venga usted. Volvamos antes que sea muy tarde. Esa tos...

–No es nada –dijo–. Continuemos. Pero primero echemos otro traguito de Médoc.

Rompí un frasco de vino de Graves y se lo ofrecí. Lo vació de un trago. Sus ojos llamearon con ardiente fuego. Se echó a reír y tiró la botella al aire con un ademán que no pude comprender.

Le miré sorprendido. Él repitió el movimiento, un movimiento grotesco.

–¿No comprende usted? –preguntó.

–La verdad que no –le contesté.

–Entonces ¿no es usted de la hermandad?

–¿Cómo?

–¿No pertenece usted a la masonería?

–Sí, sí –dije–; sí, sí.

–¿Usted? ¡Imposible! ¿Un masón?

–Un masón –repliqué.

–A ver, un signo –dijo.

2. «Nadie me ofende impunemente.» *(N. de los T.)*

–Este –le contesté, sacando de debajo de mi *roquelaire* una paleta de albañil.

–Usted bromea –exclamó, retrocediendo unos pasos–. Pero, en fin, vamos por el amontillado.

–Bien –dije, guardando otra vez la herramienta bajo la capa y ofreciéndole de nuevo mi brazo.

Se apoyó pesadamente en él y seguimos nuestro camino en busca del amontillado.

Pasamos primero por debajo de una serie de bajísimas bóvedas, bajamos, avanzamos luego, descendimos después y llegamos a una profunda cripta, donde la impureza del aire hacía enrojecer más que brillar nuestras velas.

En lo más apartado de la cripta se descubría otra menos espaciosa. En sus paredes habían sido alineados restos humanos de los que se amontonaban en la cueva de encima de nosotros, tal como en las catacumbas de París. Tres lados de aquella cripta interior estaban también adornados del mismo modo. Del cuarto habían sido retirados los huesos y yacían esparcidos por el suelo, formando en un rincón un montón de cierta altura.

Dentro de la pared, que había quedado así descubierta por el desprendimiento de los huesos, se veía todavía otra cripta o recinto interior, de unos cuatro pies de profundidad y tres de anchura, y con una altura de seis o siete. No parecía haber sido construida para un uso determinado, sino que formaba sencillamente un hueco entre dos de los enormes pilares que servían de apoyo a la bóveda de las catacumbas, y se apoyaba en una de las paredes de granito macizo que las circundaban.

En vano, Fortunato, levantando su vela casi consumida, trataba de penetrar la profundidad de aquel recinto. La debilitada luz nos impedía distinguir el fondo.

–Adelántese –le dije–. Ahí está el amontillado. Si aquí estuviera Luchesi...

–Es un ignorante –interrumpió mi amigo, avanzando con inseguro paso y seguido inmediatamente por mí.

En un momento llegó al fondo del nicho, y, al hallar interrumpido su paso por la roca, se detuvo atónito y perplejo. Un instante después había yo conseguido encadenarlo al granito. Había en su superficie dos argollas de hierro, separadas horizontalmente una de otra por unos dos pies. Rodear su cintura con los eslabones, para sujetarlo, fue cuestión de pocos segundos. Estaba demasiado aturdido para ofrecerme resistencia. Saqué la llave y retrocedí, saliendo fuera del recinto.

–Pase usted la mano por la pared –le dije– y no podrá menos de sentir el salitre. Está, en efecto, *muy* húmeda. Permítame que le *ruegue* se vuelva atrás. ¿No viene usted? Entonces no me queda más remedio que abandonarle; pero debo antes prestarle algunos cuidados que está en mi mano hacer.

–¡El amontillado! –exclamó mi amigo, no vuelto todavía de su asombro.

–Cierto –repliqué–, el amontillado.

Y diciendo estas palabras, me atareé en aquel montón de huesos a que antes he aludido. Apartándolos a un lado, no tardé en dejar al descubierto una cierta cantidad de piedra de construcción y mortero. Con estos materiales y la ayuda de mi paleta, empecé activamente a tapar la entrada del nicho.

Apenas había colocado el primer trozo de mi obra de albañilería cuando me di cuenta de que la embriaguez de Fortunato se había disipado en gran parte. El primer indicio que tuve de ello fue un gemido apagado y salió de la profundidad del nicho.

No era ya el grito de un hombre embriagado. Se produjo luego un largo y obstinado silencio. Encima de la primera hilada coloqué la segunda, la tercera y la cuarta. Y oí entonces las furiosas sacudidas de las cadenas. El ruido se prolongó unos minutos, durante los cuales, para deleitarme con él, interrumpí mi tarea y me senté en cuclillas sobre los huesos. Cuando se apaciguó, por fin, aquel rechinamiento, cogí de nuevo la paleta y acabé, sin interrupción, la quinta, sexta y séptima hiladas. La pared se hallaba entonces a la altura de mi pecho. De nuevo me detuve, y, levantando la vela por encima de la obra que había ejecutado, dirigí la luz sobre la figura que se hallaba en el interior.

Una serie de fuertes y agudos gritos salió de repente de la garganta del hombre encadenado, como si quisiera rechazarme con violencia hacia atrás. Durante un momento vacilé y me estremecí. Saqué mi espada y empecé a tirar estocadas por el interior del nicho. Pero un momento de reflexión bastó para tranquilizarme. Puse la mano sobre la maciza pared de la cueva y respiré satisfecho. Volví a acercarme a la pared y contesté entonces a los gritos de quien clamaba. Los repetí, los acompañé y los vencí en extensión y en fuerza. Así lo hice, y el que gritaba acabó por callarse.

Ya era medianoche, y llegaba a su término mi trabajo. Había dado fin a las octava, novena y décima hiladas. Había terminado casi la totalidad de la oncena, y quedaba tan solo una piedra que colocar y revocar. Tenía que pelear con su peso. Solo parcialmente se colocaba en la posición necesaria.

Pero entonces salió del nicho una risa ahogada, que me puso los pelos de punta. Se emitía con una voz tan triste, que con dificultad la identifiqué con la del noble Fortunato. La voz decía:

–¡Ja, ja, ja! ¡Je, je, je! ¡Buena broma, amigo, buena broma! ¡Lo que nos reiremos luego en el palacio, ¡je, je, je!, a propósito de nuestro vino. ¡Je, je, je!

–El amontillado –dije.

–¡Je, je, je! Sí, el amontillado. Pero ¿no se nos hace tarde? ¿No estarán esperándonos en el palacio lady Fortunato y los demás? Vámonos.

–Sí –dije–; vámonos ya.

–*¡Por el amor de Dios, Montresor!*

–Sí –dije–; por el amor de Dios.

En vano me esforcé en obtener respuesta a aquellas palabras. Me impacienté y llamé en voz alta:

–¡Fortunato!

No hubo respuesta, y volví a llamar:

–¡Fortunato!

Tampoco me contestaron. Introduje una vela por el orificio que quedaba y la dejé caer en el interior. Me contestó solo un cascabeleo. Sentí una presión en el corazón, sin duda causada por la humedad de las catacumbas. Me apresuré a terminar mi trabajo. Con muchos esfuerzos coloqué en su sitio la última piedra y la cubrí con argamasa. Volví a levantar la antigua muralla de huesos contra la nueva pared. Durante medio siglo nadie los ha tocado. *In pace requiescat!*

[Trad. de Fernando Gutiérrez y Diego Navarro]